$\mathcal{N}^3$

N^3

N^3

aella

ATTRACTION · ELEGANCE · LOVE · LEARNING · ACTION

aella06

奢迷 ecstatic

作者：石靈慧
責任編輯：徐秀娥　　美術編輯：張子雲
協力編輯：楊儀靜　　攝影：張明偉
法律顧問：全理律師事務所董安丹律師
出版者：茵山外出版
台北市105南京東路四段25號11樓
讀者服務專線：0800-006689
TEL：（02）8712-3898　FAX：（02）8712-3897
e-mail：locus@locuspublishing.com　　www.locuspublishing.com

發行：大塊文化出版股份有限公司
台北市105南京東路四段25號11樓　www.locuspublishing.com
讀者服務專線：0800-006689　TEL：（02）8712-3898　FAX：（02）8712-3897
郵撥帳號：18955675　戶名：大塊文化出版股份有限公司

總經銷：大和書報圖書股份有限公司
台北縣五股工業區五工五路2號
TEL：（02）8990-2588（代表號）　FAX：（02）2290-1658

初版一刷：2007年1月
定價：新台幣350元
ISBN-13　978-986-6916-04-5
Printed in Taiwan
版權所有　翻印必究

CASHMERE · SCENT · CHOCOLATE · SILK

奢迷
ecstatic

石靈慧 著

目錄

CASHMERE

SCENT

CHOCOLATE

SILK

這才知道，宇宙珍奇物質華麗與美妙的事實，如此驚人；也才稍稍能夠意會，與超級華美的交會，使人的心敢於遠馳、甚至高高飛揚，心蕩神馳地做夢去了！

「美妙」的力量何其大，僅僅是視覺的震撼，那如入天上勝地，盡收眼前的，飛雲彩霞般的曼妙，便足足可以降服人心，甚至屈服了高傲輕慢的心！

「美妙」的力量又何其大，透過我們的感官所知、通過對物質真正的享受，激發我們從心理由衷地要讚頌人生的美妙，要歌詠生命極致的豐富華麗，領會宇宙天地磅礡的愛。

「美妙」的力量的確何其之大，迷人的美好，轉化人心，使人心滿意足地完成取捨，使人歡喜的只願意倘佯在那超凡的境界之中；寄情於賞味宇宙奢華物質的信念，有如登上了一個信仰與價值觀的不歸路，沒有人對退卻會有任何渴望；而著迷、耽溺、癡戀、成癖，都只是人心表達讚美著名的掌聲；頹廢的沈淪，只是人心進化時可能產生的瑕疵。

也才知道，為你我眼中奢華之物著迷的時尚，原來有著如此幽長的歷史，奢華、時尚（意識），好似個三胞胎Triplet，面貌相仿但各有靈魂，卻確定是來自同一個母親：時代文化。

穿透時代歷史的時空軸線，「為奢華狂熱」的現象，緣起緣滅，再匯入新的千禧年，重新成為今天的當道時尚；宣稱「我瘋時尚」、「我迷奢華」的青少年前仆後繼，加入其他享樂主意族群，集體著迷；他們一樣無辜的誤以為名牌就是流行時尚，名牌的符號代表奢華的寶庫。沒有

名牌的加持，奢華，著迷與時尚，你認得出它嗎？

為了回答，我奢望從這本書裡能夠有個提醒：愛時尚的你，不能不知道人類生活的歷史，因為時代精神，就是時尚的靈魂；當時尚能夠更貼近歷史的觸感，才會有浪漫而無比令人著迷的風貌；愛奢華呢，則既不能不認識古人所享受的豐富至極的奢華文明，也更不能不知道歷史，就因為生命的歷史，給了奢華那萬般瑰麗的質感！在我心中，時尚的精銳大師Vivienne Westwood 與Antonio Marras （Kenzo）的創造風格，都是因為這樣的宏觀而迷人。

雖然希望能開邀一場徹底宇宙天下奢華物賞味的大饗宴，卻發現寫得越多，越覺得不夠，也才知道自己所懂得的，實在太少！需要知道的，還有太多！這場絕對轟動的賞味大饗宴，怎地就有那上不完的開胃菜……。

CASHMERE

來自千年傳承的喀什米爾巧匠手下的美麗織品，如羽絨般輕盈，像雲彩

卡玎米兒

當觸感將你化入「愛的神仙境」

般飄逸，柔美如仙子之翼的「薄」，正是卡玎米兒中的極品，也是人類織品史上最美麗的奇蹟。

重燃生命之火的超凡體驗

—— 在卡瑉米兒的故事開始之前

吸吮瓊漿玉液般愛的觸感

當你遇見真正上乘的卡瑉米兒（Cashmere），那觸感十足奇妙，該怎麼形容才好呢？雅好奢華美物成癖的Carrie輕輕皺起眉頭，兩眼向左上飄向虛無的遠方，在陶醉中試著記憶這個超級美妙的觸感體驗，終於她說：「好比奶油在皮膚上融化了一般……。」

在華美物質世界的呵護下長大，Carrie是一位養尊處優的奢華精食主義者。她屬意擁有的眾多卡瑉米兒披巾裡，向來只有一個好牌子：Hermes，直到她認識了老師——師學阿許唐卡瑜伽的Mina。

西方人的感官經驗談大約是這樣的：為了形容它的極好，凡是吃不得的，卻迫人得拿出吃的美味體驗相比擬的，就代表了那真正的，超「好」！美國話的表達很直接，只說：「好到都能吃下肚！Good enough to eat!」就表示已經太好了。在感覺的高度上，東、西方人似乎一樣拙於詞彙，無法精準形容超凡的美妙體驗！

Mina曾經在喀什米爾地區遊蕩了相當一段時間，算是個自我放逐者。她的目的，其實包括一項不能向任何人訴說的神祕任務，而從表面上看來，她僅僅是個追隨嬉皮式、行徑風流、頹廢的波希米亞人。

Mina從小是個被愛遺棄的孩子，她的母親「不知道何時就跟著野男人跑了」

——這是她稱呼「父親」的人所能告訴她的一切訊息。她對母親毫無印象，而她的父親卻是個人間最可悲下流的野獸，Mina獨自背負著從童年開始便被父親侵犯的事實，這是她自己終生無法啓齒的祕密。

這一切生命的苦難終將迅速的終止——Mina從上了七年級起，就努力這樣的答應自己；不過在這之前，她必須依賴對一切感覺「麻木」的能力來過日子。她的學校成績，除了繪畫以外，永遠差得不得了；這還不算什麼，她是老師們眼中的壞胚子，他們都曾經耳聞，Mina向男學生出賣自己而且墮胎不斷的傳言。

在小鎮的中學上到八年級，Mina就跟了個小樂團的低音吉他手往印度去當嬉皮，他們倆偷了男友老爹的一小筆財富，幾個月裡就在鴉片大麻迷幻藥中燒完，也燒毀了一個小村子。逃命後的Mina就像個遊牧人，成爲淪落在更多有點小錢、各種年齡的男人手裡，隨波逐流的來到印度北區。

來到喀什米爾，時間是七○年代末期，她已經是個歷盡滄桑的女孩，二十三歲的她，不知愛爲何物，也不被人所愛，她沒有明天，有的卻是一再忍耐命運凌遲的麻木。這個孤獨的年輕女孩，一日在冷靜的盤算後，決定隔夜清晨時分在高原湖邊執行自己的死刑任務，讓那些houseboats見證她生命的最後一刻，靜靜的陪她離去。

就在那一日，還未出現晨曦的清早，一念之間，Mina向那湖美麗而神祕的深處縱身一跳，就這樣去了……。

當她再次有感覺時，只知覺「太妙了！」自己眞的來到了不敢奢想的地方，這地方一定就是天堂，在那裡，渾身通透溫柔的暖輕柔包裹著她，她再不需要知道什麼，雖然她什麼也看不到，不知道天堂是否如預期般的那麼光亮！

但是，就在一片渾沌中，她的身體只願意讓肌膚如吸吮瓊漿玉液般的，吸收這一切暖和輕盈，彷彿，垂死的靈魂被純純濃郁的情愛所滋潤……。但，那似乎是另外一種獲致更輕柔、緩慢而全心全意的愛，密密擁抱的體驗——這可是與母親之愛另類相遇的那份體驗，雖然從不存在於Mina的認知經驗裡，卻在身體的某處，依然深刻記憶著的母親?!

Mina並沒有上天堂,幾天後真正醒來,她才知道,救了自己的,是另外一名與命運掙扎的靈魂,他藏身在湖上的船屋,等著前來相會私奔的貴族回教女孩,她終於也來了,帶著好些條美麗的霞凸許(Shahtoosh),那是家裡為她訂製的昂貴嫁妝。兩人短暫相聚後便要遠走他鄉,卻在上路前,她被家裡派出來的悍將攔截!男子幾乎被打死,女孩呢,被拖在泥地上拉下山去。

困在船屋中的傷痛男子,抱著愛人倉皇留下來的一條霞凸許哀戚不眠,卻就在那日清晨,他設法呼叫船家在湖中救起Mina,而自己卻在眾人慌亂救人時消失了!小村裡一位獨居的好心老婦人,為奄奄一息的Mina蓋上那條霞凸許,收容了她並且盡量讓她獲得需要的療養。因為貧窮,老婦除了草藥,並沒有適當的藥物可以為她醫護。

母親懷抱裡,生長的能量

如今Mina是個靈修者,這三十來年,她一直在學習「愛」的這門功課,為自己贖罪;不上瑜伽課的時間,她特別令人喜歡接近,因為她總是樂於與人分享那些奇異的生命故事,Carrie知道,她比心理醫師更能為人治癒靈魂的傷痛。

Mina後來才知道,那條以愛覆蓋、滋養自己的超柔軟之物,並非卡珝米兒,而是霞凸許!「接近霞凸許的顫動,簡直就像肌膚觸碰到了真愛!」她說,霞凸許的輕、柔、滑、軟,是浸透肌膚上每個毛細孔的細緻感動,那是將「輕、柔、滑、軟」輕輕巧巧、一起液化了的觸感,那是在瞬間燃起的輕盈、溫熱的美妙!

每一分每一寸的肌膚接觸到那細微絨毛,感受到的是被愛戀包圍的轟動感!不論如何,這份第三類接觸,必然教你的感官驚醒!令你再也無法忘記不可思議的超凡觸感;它,是傳遞宇宙無私之愛的載體,她說。

Mina事後追憶,收留自己的喀什米爾村中老婦,如何在簡陋的家裡,小心翼翼的用卡珝米兒羊絨,將雞蛋一層層圍裹起來,幾天之後,就教沒有母雞抱孵

的卵孵出一隻隻小雞來。

　　古來東方的育嬰文化，總是拿布巾圍裹，模擬母親溫暖安全的懷抱，襁褓中的新生兒才能撫育得好；那麼早產兒呢？「如果將早產兒放置在羊毛毯中，每一天，他會比平時增加十五公克體重。」(註1)原因，在於柔柔的包裹著的布纖維上，他感應得到被輕輕撫抱的觸感——東方女性為初生嬰兒準備的襁褓布巾，應該產生同樣的作用，使他減輕焦慮，讓他全身透過皮膚的感應鬆弛下來，在安適的睡眠中自然啟動生命工程，好趕工成長。

　　在好心老婦伴著美麗的霞凸許照拂、滋養下，Mina復生了；雖然聽來冷血，Mina卻並不盡然領情，她可是無時無刻不想著，當身體狀況好一點，就要帶著那條並不屬於自己的霞凸許溜走，與這貧窮老婦不告而別。於是她如此做了，隨後在有市集的鎮上，迅速將它賣掉，換了許多錢放在口袋裡，自己覺得好生得意。

　　賣掉霞凸許的當晚，她夢見了從未謀面的媽媽，這也是從未發生過的事——媽媽就是老村婦，也是一位心碎的回教公主，因為私奔不成而嫁給不想嫁的人。在夢裡，天地之愛就是母親的化身，所有的一切都呵護、包容、引領著她。從此以後，這些令她感覺愛與歸屬的夢境，就像錄影帶一般，重播再重播；不久之後，Mina回到美國，理了光頭，改了名字，一切歸零，重新做人。

愛的溫度彷彿羽絨般輕柔覆蓋

　　老婦想來必有著母親傳承下來的智慧，知道卡玥米兒絨毛令蛋中的胚胎孵出小雞兒，應該不只是供給胚胎所需要的溫暖，而是仿同小雞母親的懷抱，令蛋兒感受到四面八方而來的溫暖，那是近乎愛的包圍、溫柔的細緻觸感，那是令它們「生長」的原始動能，快速啟動的關鍵。

　　輕柔而溫暖的細微觸感，到底與摯愛的感覺是如何神似到難以區分？在人們的感官意識裡，它與情愛的愛戀又有多貼近呢？

十九世紀
歐洲仕女的最愛

色彩繽紛的卡珝米兒披巾

約瑟芬私藏千條卡珝米兒披巾

　　據說，迷戀紫羅蘭古龍水的拿破崙，在埃及征戰返來時，曾送給約瑟芬皇后一條「卡珝米兒」披巾。第一次擁有此等尤物的約瑟芬皇后，立時愛上了它。她開始狂熱進行大量蒐集，迫切的大肆擁有。

　　皇后私藏的頂級披巾，於是迅速的累積。據說數量多至一千條，十分驚人。不過，在約瑟芬眾多的肖像畫中，那千條超級昂貴披巾能──現身的機會，尚且太有限；約瑟芬貴為法國皇后，自然是當時歐洲領導時尚的第一人，這在她購置時裝的紀錄上可以稍稍見識到，她對奢華時尚的胃口奇大，西元一八○九年曾有個紀錄，那年她為自己訂製的「時裝服飾」，數量如下：一百三十六套服裝、八十七頂帽子、九百八十五雙手套、五百二十雙鞋子（伊美黛都要覺得寒酸了）!!（註2）

▶ Franz Xavier Winterhalter所繪的尤吉妮皇后。她的「指環披巾」為卡珝米兒寫下了流行時尚的傳奇。（corbis）

約瑟芬的披巾狂熱，開始帶動英、法兩國宮廷與貴族女性「必有的追逐熱情」，這應該是促使歐洲仕女開始劇烈消費卡珝米兒披巾的最初媒介。

一八一五年，對那些購自中亞商人、充滿異國風情的披肩，迅速變成最搶手的時裝配件，並且在高級社交圈中造成風靡的現象，巴黎的女性時尚雜誌Paris Journal des Dames et des Modes曾有過這樣的報導：「仕女們千方百計的發明必須擁有的理由，富有的就說，因為流行嘛！屬於中產階級的就說，就是要與別人一樣！窮一點的女性呢，就說理道，它十分暖活、有益健康，並且經久耐用；而那些找不著任何理由支持想要擁有一條卡珝米兒披巾的人，她們就會說：那是證明『真愛』的最起碼證物！」

「來自喀什米爾產地的披巾」，是那特為稀有、超級奢華柔軟的迷人披肩的代名詞，歐洲人因此給它一個簡稱：卡珝米兒。

尤吉妮皇后的「指環披巾」傳奇

美麗的卡珝米兒披巾，讓約瑟芬皇后著了迷，也掀起了令十九世紀歐洲仕女人人迫切渴望擁有的慾望；關於這著迷之情，流傳著許多傳奇，其中人們最津津樂道的，就是尤吉妮皇后（Empress Eugenie, 1826~1920）的「指環披巾」故事了。

據記載，在登基後，再婚娶得美嬌娘的拿破崙三世皇帝，在極品取得不易、上乘卡珝米兒來源至為稀有的狀況下，依然一口氣就給了尤吉妮皇后十七條令她愛不釋手的卡珝米兒披巾。這番以奢華表達浪漫之愛的寵幸手法，對贏得尤吉妮皇后之心，明顯奏效，證明了它正是男性對心中女神表達至高情意的一記妙招。

尤吉妮皇后必然驚豔於這份抒情大禮，除了絕美、奇柔、奇暖

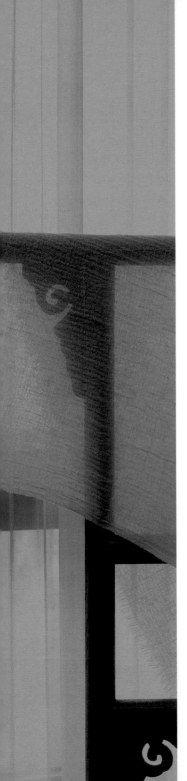

之外，幅幅是極其之薄的人間尤物，想像皇后愛不釋手的，在把玩之間，就將它這麼輕輕一拉，「比穿上整件大衣還要暖和」的一大幅卡珝米兒披巾，就可以穿過尤吉妮皇后小小婚戒的中空！（當時披肩為6 × 10.5呎，約莫180 × 315公分，幅寬遠遠大過今日最奢華的極品！）

　　透過尤吉妮皇后的迷戀，這份「薄中之薄」極其傳神的表達出來，一大幅卡珝米兒，輕而易舉的順暢通過手上戒指之超薄，是何等的不可思議啊！

　　然而稍待，我們有必要辨別，要達到傳說中如蟬翼之薄的「輕」、真正能夠穩居指環披巾（the Ring Shawl）地位的，可是極品中之最高級、來源最稀有的霞凸許！也就是說，當時歐洲貴族一概通稱的「卡珝米兒」披巾，其實大多是稀有的霞凸許極品。

尤吉妮皇后引領流行時尚

　　風華萬千的尤吉妮皇后在位的十九世紀中末期，同樣依傳統往例，代表了法國皇室成為時尚的原創者、風格與品味的帶領者。在歐洲時裝演化歷史上，

她是二十世紀以前，最後一位頂著皇后頭銜，對時尚發展具有舉足輕重影響的典範。

「攝政時期」以來的法國仕女肖像畫、服飾畫上，忠實伴隨著的，總是讓女性顯得更柔美、更女性化的大披肩。這些色彩繽紛的卡珝米兒披巾，就是當時的時尚流行指標，也是十九世紀歐洲與蘇俄皇室貴婦競逐奢華與個人品味的標的。

貼身守候維多利亞女王

英國維多利亞女王（1819~1901），是君王中少有的一則女性傳奇。她早在十八歲之齡就已登基為女王，執政期甚至長達六十四年。多幅後世傳頌不已的畫作，試圖捕捉她成為大不列顛帝國女王的歷史性時刻與場景：那是一個太早的清晨，只見清秀的妙齡女子，身著寢袍，長髮及腰（睡帽似在匆忙間掉了），足上趿寢宮拖鞋，披著一方大披肩現身。就在數個小時之前，她的叔父過世了，她在國家重臣恭敬女王的禮節下，莊重的聆聽自己繼位為英國女王的事實。

雖然法國宮廷是發動歐洲時尚風潮的電力廠，維多利亞女王早已通過英國與印度的接觸，為它豐富的異國風情華美物質而感化，成了迷戀卡珝米兒披巾的英國宮廷首席代表。

女王在未滿一歲時就失去了父親，自從十八歲開始執政，維多利亞女王在自己的成長教育中，同步學習國家的女王的擔當。整個維多利亞執政時代，大英帝國勢力富強，經濟蓬勃發展，中產階級的重要性大大提升，這是英國歷史上民生樂利富足的輝煌時期。

由於拓展殖民地的成績斐然，英國人成為從東方與東印度群島進口高單價商品，轉售至歐洲各地的商業行家。一八四六年，英國

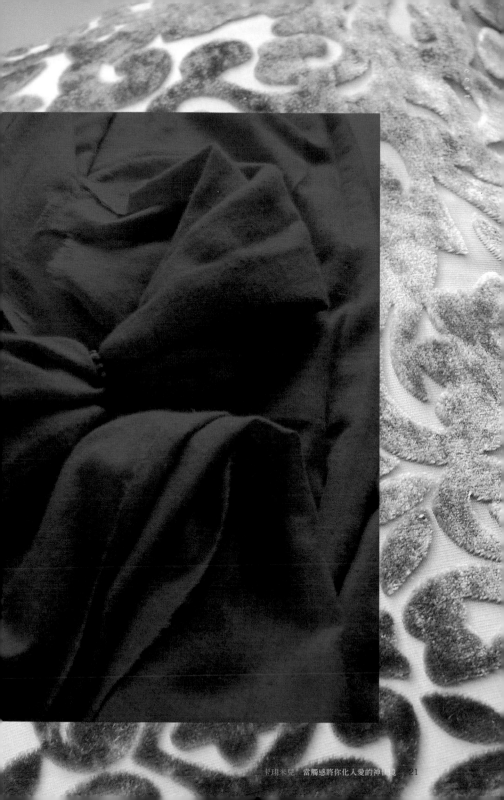

將喀什米爾納入殖民地管理，接下來的十年間，卡珝米兒披巾銷至歐洲的數量增長了一倍。在維多利亞女王主政的六十四年間，正是英國社會對來自印度與東方異國的卡珝米兒披巾最熱情的時代，各式卡珝米兒披巾，構成了「維多利亞風格」時裝的主要元素，在英國仕女各階層廣泛的需求下，低價位的「仿製品」也甚囂塵上，進而促成專門織造仿製之Paisley披巾（註3）的Paisley小鎮在蘇格蘭誕生。

披巾是英國仕女少不了的配件

維多利亞時代的女性，人人都在她們大圓蓬裙之上，覓得了裝扮上半身與保暖照顧肩頸的最佳拍檔；六呎見方、對折披上的卡珝米兒Paisley大方巾，尤其受到中產階級的歡迎（註4）。

英國仕女炫燿它是服裝的必要配件，也是個人彰顯品味、生活文化的精緻表情。一八五○年十二月，

英國《哈潑》時尚雜誌對卡珝米兒披巾風靡現象做了一項深入報導，標題開宗明義就指出，「帕許米娜」是人類僅知最細、最軟的自然纖維，這是來自喜馬拉雅高山地區的「軟珍寶」，是天地造物為人們所準備的絕美大贈禮之一，「卡珝米兒披巾能將英國女性最為柔美、優雅的風貌展現無遺。」

它又說，從女性如何穿戴自己所選擇的披巾，就可以知道她的品味水平，一如英國紳士憑著衣裝所能展現的；它也做了如此批評：「可惜鮮少有英國女性，能真正順利通過這品味的考驗呢！更別說試著去瞭解這些超昂貴披巾蘊含的價值。」

歐洲祖母的傳家寶

頂級羊絨材料的稀有，與仰賴精湛手工的耗日費時，使卡珝米兒披巾在十九世紀的歐洲身價不菲：它高昂的價格，可比今日的貂皮大衣！這些來自東方的真正稀有珍寶，往往遠比珠寶更珍貴，當然也迅速成為祖母、女兒、媳婦、孫女之間的精神傳承，是女性代代相傳的傳家寶。

從印度到尼泊爾，卡珝米兒毛毯或披巾，更是貴族女性嫁妝裡的主角；上乘品不單單只是保存一輩子，更要能夠傳女傳孫。

也因此，當初有一批匠人，專長於修補破損的卡珝米兒；這些修理達人沿襲代代口耳相傳的技術，但不幸的是，隨著時代的演變，這冷門技巧也慢慢瀕臨滅絕（註5）。Carrie媽媽的比利時外婆為此十分焦慮，老是談著她的

中亞貴族的軟珍寶

受到帝王鍾情的帕許米娜

華貴的帝王羊絨織品

雖然歐洲人以「Cashmere卡珝米兒」通稱「來自喀什米爾的披巾」，在中亞它另有個通用的名稱：帕許米娜（Pashmina）。

Pashmina字根來自波斯語的Pashm，意思是內裡、底層的超細緻羊毛，那是羊毛中的至尊（The King of Wools帝王羊毛）；Pashmina在波斯語代表「帝王羊毛織品」。「Capra hircus」則是此羊的品種學名，通常也被順口稱為Pashmina Goat，帕許米娜羊。

英語中Shawl披巾這個字的源頭，其實也來自波斯語的Shal。

這「帝王」資格的最高級身分，就因為那超級羊絨的細微度。以現代的術語來說，帕許米娜羊絨纖維的直徑應該就在十二～十四微米之間（1 microns＝百萬分之一公尺），就等於是一般人髮的十五分之一那麼細！

只有當時的行家知道，中亞民族的帕許米娜，涵蓋了為印度皇室、名門貴族所設計的各種繡花精緻、奢華至極的手工織製披巾（kanikar, Jamawar, Boteh……）；而所謂的帕許米娜，就包括了被區分為五種品質等級的羊絨。

▶ 穿著帕許米娜的女性，在中亞地區，它是貴族重要的嫁妝。（corbis）

成吉思汗來自蒙古的護身符

　　十三世紀，蒙古高原上的成吉斯汗向中亞印度與歐洲開拔，他與忽必烈赫赫有名的征戰途中，也少不了卡玥米兒的存在。我們的確有所不知，在那個時候，驍勇善戰的蒙古將士，竟然對織品物性的巧妙運用具有極高的智慧。

　　他們憑著純絲製成的戰袍盔甲（演化為今日的防彈衣），刀槍不入；他們也以蒙古高原上特產的卡玥米兒，這細軟的羊絨織成裡衣，穿在大將軍征衣戰袍盔甲下，作為保護肉身免於寒凍的底衣底褲，想必，除了祛寒、保暖之外，卡玥米兒應該是蒙古眾將帥騎士視為來自家鄉的護身符吧！

　　蒙古入主印度與喀什米爾以後，在十六世紀中葉，尚且有幾位推動帕許米娜工藝精緻發展功勞至大的蒙古帝王：阿卡巴（Emperor Akbar, 1556~1605）本人，就是一位熱中收藏各式帕許米娜披巾的雅士，他並且對怎麼穿用披巾的「披法」特別感興趣，並且發現了最滿意的一個結論，那就是一大幅的披掛在肩膀上。

　　阿卡巴並且極力鼓勵，要求工匠在花色上講求創新設計。此時，一種以兩幅布相對縫在一起的雙面披巾Doshalas，在阿卡巴的讚美下成為一款典型。由於包括阿卡巴前後的三任帝王高度的重視，喀什米爾得以成為印度與中亞地區披巾織造技藝的最高中心。

　　單以染色技巧為例，此時期的染匠，竟有三百多種不同色澤的植物性染料可運用；相對比起十九世紀中葉，工匠一般只用到六十四個色彩的紗線，色彩豐富程度只及於蒙古帝王時代的五分之一！

　　這些精湛的帕許米娜手工紡織品，在蒙古帝王眼中，也是高經濟價值的產物。它們透過絲路貿易商隊網路，向東運抵蘇俄聖彼得堡，再輾轉分銷至歐亞各主要城市。

因為對帕許米娜鍾情而展開「美學經濟」的發展，蒙古帝王阿卡巴等人功不可沒。影響所及，後來卡珝米兒在歐洲時裝史與藝術史的演化上，更帶來浪漫繽紛、異國風情的美麗衝擊，使人們在宇宙華美事物的享受上，可以體驗更豐富的智慧。蒙古人，真的不僅僅是了不起的馬上戰士！

印度貴族的嫁粧壓箱寶

十五世紀中，在印度生產帕許米娜披巾的整體產業規模，其實已經極其可觀。當時整個產業，約莫長期雇用了五萬名技藝高度嫻熟之紡織工匠。

為印度皇室訂製的華麗羊絨披巾，不只以金紗銀線繡花、滿綴珍貴寶石，織製更可謂巧奪天工精雕細琢，是今日博物館藏中的無價之寶。在印度貴族與富人社會裡便有這樣的傳統：要為每位出嫁的公主、女兒，預訂帕許米娜當作嫁妝；每個婚禮的隆重與否，少不了都得繞著一堆嫁妝裡的披巾與布料大作文章，數量代表對女兒的不捨，鑲金飾銀綴點珠寶之華美則代表家世之尊貴；女性娘家為她所投資的帕許米娜，其奢華昂貴程度是她未來的婚姻幸福指標。

專門銷售帕許米娜的Wallah，位在靠近喀什米爾的北印度，就像今日時裝設計師作Trunk show一般，登門造訪殷實的財富家庭，推銷箱裡的美麗披巾；除了預先訂作女兒嫁妝，注意服飾穿著的主婦，每年也會為冬季預先採購一兩條新披巾。在社交禮節上，一般家庭女主人對披巾總有許多購買的理由，比如吃喜酒、參加慶典種種，因為在這些場合中，誰也少不了一幅新的美麗披巾。每個女性的衣櫃裡有個六、七條好披巾，是一種好道德的表現；不過，喀什米爾的小女孩，得等到十六、七歲，才會被允許擁有自己的披巾。

來自高原秘境的
霞凸許！
人類觸感最美的豔遇

觸碰及愛而驚覺的狂喜

神祕的Shahtoosh霞凸許，對所有現代饕客、粉絲來說，就像是天上的星星一般，仰之彌高而難以親手觸摸啊！

霞凸許有著可以飛揚的輕──一種似羽絨般的「輕」！

Shahtoosh，依然來自波斯語，意思是「the Pleasure of Kings帝王之悅」！霞凸許披巾，是取自西藏羚羊（特別品種）貼身的超細絨毛，撚成紗所織成的織品；它極其細微的羊絨纖維，直徑就在6.24~11.25 微米之間，等於是我們一般人頭髮的二十五分之一那麼細！（詳達人專區）

短而細、如羽絨毛般極其輕盈，從撚紗到紡織的「微工程」，遠遠超越一般手工技藝所能從事！只有千年傳承的喀什米爾巧匠，才有能力將它處理成美麗無匹的布品。

霞凸許織品其實接近半透明，它那種細微如羽絨的輕盈與相對組織的鬆活，一旦隨著微風吹拂，便如雲彩一抹，在空中優越美妙的輕輕揚起，好比無重力般的漂浮著！

啊！那輕、那柔、那滑、那軟的神仙之物！

人們的肌膚與霞凸許的相遇，必定是一場美妙至極的豔遇！

輕如一抹雲霞之重的披巾，是何等的輕中之輕；那等薄如蟬翼、柔美如仙子之翼的「薄」；又是何等的薄中之薄；而那驚心動魄的柔、滑、軟，令人只能祈禱，讓這超凡的另類感觸永不消散；這該是觸碰了超級華美而驚覺的狂喜吧！

肌膚，是一層圍繞著我們身體，重達六至十磅的人體「外殼」，是我們最初的生日新衣，它容納了我們一切的「觸覺」感知，它有能力分辨眼睛所不能及的見識，對一切超越一般體驗值的輕、柔、滑、軟，它能產生無可比擬的激動，激動於一種奇異獨特的感知，清清楚楚的為它超凡的特殊而撼動驚醒，令我們的腦開始知覺：一股奇妙的美妙幸福感升起，享受在細緻愛意之中昇入天堂仙境！

與這樣稀奇的宇宙逸品相遇的機會，實在是可遇而不可求！值得大作其夢！

西藏羚羊的生命哀歌

瀕臨滅絕中的藏羚羊（Chiru），就是Cashmere家族中最頂級而超細的霞凸許所取材的小小羊，牠原來是個頭偏小、特別稀有的野生品種。藏羚羊生長的原生地，是海拔五千公尺左右的高原，他們習慣在蒙古高原與西藏北方的藏東高原之間來回遷移；這地區，年平均氣溫攝氏零下四度，寒地上漫長的嚴冬，使溫度更經常停在零下三十～四十度。

藏羚羊就在連林木與一應植物都難能存活的枯寂土地上，度過嚴寒。任何生物能在高原寒冬的自然界獲得一點植物的養分，已是一大奢侈，藏羚羊因此長期的缺乏營養、體型偏小。

為了因應自然條件的貧困，藏羚羊巧妙的調整了養分的運用效益，就因為養分得來大不易，不能絲毫浪費在毛髮生長的蛋白質上，因此它不如同類，長不出禦寒性高的層層豐厚長毛，而是長著粗糙堅硬的外毛髮，然而在靠近肌膚、毛髮的裡層，卻長出綿密覆蓋、結合在真皮組織上的一層超細絨毛，將牠們的身軀一如「貼身絲絨衣」般包裹住；這套貼身絨衣，為藏羚羊兒帶來奇優的禦寒效果，是牠們度過嚴苛寒冬、求得生存的根本配備。藏羚羊這套貼身絨衣，比世界上任何羊毛都要柔軟，是偉大的自然旨意另一份巧奪天工的造物設計，不由得令人深深讚嘆。

不過，自然的旨意眷顧子民之道，似乎有著它奇異的黑色幽默！在西藏高原，自然的環境越惡劣，藏羚羊的底層絨毛，就長得越好越細密！藏羚羊也似乎僅能以野生的條件延續生命，將牠們畜養在天候條件比較溫和的山地的嘗試，儘管後來局部獲得成功，但是在營養條件的改善下，牠們那植入肌膚的絨毛卻變長變粗，不再是細至人髮二十五分之一的超細微。藏羚羊的生命機制，是一場看似冷血的陷阱！

再者，要在藏羚羊身上取得深植於肌膚裡的細微短絨毛，並不能就像其他羊毛的取得一樣，「有技巧的」梳它一梳，就能大量的梳出來；粗暴的獵人為了快速而大量的搶取這貼身絨衣，小羚羊兒可是連著皮被人們剝奪了生命！

商人為了銷售的利字當頭，獵人為了快速取得優渥報酬，他們等候、計畫在一季又一季惡寒的冬天過後，大規模的搜索，他們在夜間羚羊群休息時突襲，以聚光燈照向羚羊群的眼睛，令牠們茫然僵住，再以槍彈大舉獵殺所有出現在眼前、驚惶逃生的野生藏羚羊。

就因為近代人類對那傳奇中稀有而昂貴的超奢華披巾Shahtoosh

的熱烈渴望，隨著市場需求的暴增，西藏羚羊也快速瀕臨全體滅絕的命運。當然，霞凸許熱情的擁戴者並不一定知道，這幅迷人的美麗披巾上，其實沾滿了屠殺的血腥。

經過統計，二十世紀初，藏羚羊還存活著大約一百萬隻的數目，經過八○年代以來加速的大量屠殺後，來到一九九五年，就只剩下不到七萬五千隻了！

敬告雅好宇宙華美物質的饕客們，我們必須知道一項悲劇：市場對超華美的渴求與人性的貪婪，結合成將Chiru藏羚羊推向品種滅絕的元凶！

藏羚羊已經被列入全球九大瀕臨滅絕的保育動物之列，獵殺是違法的，而來自牠的各項產品──包括霞凸許披巾的買與賣以及擁有──都已經成為瀕臨絕種野生動植物國際貿易公約（Convention on International Trade in Endangered Species, CITES，亦稱為華盛頓公約）列管中的違法行為，連「擁有」都已經觸法！可以見得，這是世界上最高規格的保育保護措施。不過，市場依然殷切的需求，仍然激勵著違法的獵殺，根據估計，每年仍然有大約兩千隻左右的藏羚羊葬身槍口下。

喀什米爾村落的「微工程」巧匠

要處理等於是一般人髮的二十五分之一與十五分之一那麼細而短的如羽絨毛Shahtoosh或Pashmina，是極其需要技巧的，從撿洗纖維、撚紗到紡織成布料的「微工程」，只有千年傳承的喀什米爾巧匠，才有恰當的手工技藝能力，能將它處理成為美麗昂貴無比的布品。

這是他們的先祖，至少在西元前三世紀的古代之前，就已發展

出來的技能，是尼泊爾與喀什米爾地區居民代代相傳的傳統技藝。

在夏季之初，羊絨素材的採集開始了，這時各種帕許米娜羊兒（原來還包括藏羚羊）的身上，一年來為禦寒而長出的細絨毛，被人們小心的拿特種梳子細細的梳出來，靠近牠的頸部下顎處、腹部，絨毛特別細緻，更為值錢。

嫻熟的工匠，再以種種手工的程序，將粗大的毛髮一一撿除淘汰，再將細絨毛分類整理；去除殘質與粗毛的手工，與滌淨細絨毛的處理工作，也是最需要手工技術的部分。待清洗處理完成後，短

細絨毛被撚紡成蠶絲般細微的紗線。一般來說，至少要從四隻羊身上取得羊絨，才足夠編織出一幅長方披巾（藏羚羊因為體積小，則約莫要耗掉十數隻）。

辛勤的喀什米爾巧匠，撚、紡、織、染各有專精，過去他們以女匠居多。以現代的標準，運用他們極其嫻熟的技術，光是編織完成一條帕許米娜素面長披巾，就要耗掉一群上等人工三天的努力，這時才能進行下一步的另一番巧藝：以植物性染料染布，以及其後進行繡花，鑲上金、銀紗線、珠寶、穗飾等工藝。（註7）

看來，相較於尤吉妮皇后訂製的Kani，以三十個紡織繡花達人不間斷工作九個月才得以完成的成果，上述現代披巾的等級，在極品中應當只勉強算是入門。

精緻工藝的殞落

喀什米爾織製帕許米娜披巾的精緻工藝文化，在蒙古之後的阿富汗統治者手中萎縮而至消散，因為貪婪的統治者加諸於工匠的極高稅賦，令他們不如不生產；此後，喀什米爾織製極品帕許米娜披巾的男女手工藝匠，也因此逐漸消失在歷史中。

一八八七年發生的一場飢荒，幾乎徹底的毀滅了喀什米爾。一八六○年喀什米爾存在的兩萬五千名手工紡織巧匠，到一九一一年僅存一百四十八人。而當藏羚羊的生命悲劇被禁止演出的同時，辛勤的喀什米爾巧匠生存的最後機會也被消除了。

今日的喀什米爾，不再代表帕許米娜披巾的最高工藝中心，我們呢，也只能惋惜生不逢時，喀什米爾早已不再與「最優質卡玥米兒披巾」等同含意了！

織就
二十一世紀的
卡玡米兒

時裝布料與毛衣工業技術的相遇

終極稀珍就是無法輕言複製

不論是霞凸許、帕許米娜、卡玡米兒，這上乘羊絨的唯一來源，除了喜馬拉雅山峰以及冷冽的西藏、蒙古高原上，原生的特定品種野生羊隻身上可以取得，別無其他。

十九世紀開始，歐洲興起了追逐卡玡米兒羊絨披巾的熱潮，在廣泛需求的推動下，在印度中亞發展殖民地的英國人，於是開始了更積極的嘗試：他們精心安排，將五十隻公、母純種西藏羚羊，從喜馬拉雅山脈的高寒之地移民到蘇格蘭養牧，卻很快的發現，折損至只餘五隻！

藏羚羊離開了家鄉必然水土不服，舉凡溫度、濕度、水土、空氣、風向、氣候的無法複製，使居住在蘇格蘭的藏羚羊大都死亡，而僥倖存活的，就是無法長出應該有的細柔絨毛。其他易地養牧的實驗結果，一再證實了極其令人失望的結論。

由於卡玡米兒產地的絕對排他性，策劃藏羚羊移民的失敗，令英國人更因其得來不易的神祕本質，而加熱了迷戀的溫度。

蘇格蘭的驕傲

今日，大家都知道的事實是，近代英國已成為一個以卡珝米兒紡織業為民族榮耀的國家。十九世紀末的歷史記載了：來自蘇格蘭的Joseph Dawson，在他於一八七○年旅行至喀什米爾地區時，窺見了當地聚落中，婦女以極其嫻熟的手工，細細卻快快的撿除雜質粗毛的作業，於是發想要回國發展出最好的機械，運用工業革命以來西方事業家的精神，讓工廠裡精密設計的機械，取代文明落後地區喀什米爾婦女的傳統手工，達到工業化的效益。（註8）

不過，由於充分體認卡珝米兒受到人們鍾愛的事實，雖然上乘材料來源的藏羚羊，離開了家鄉必然水土不服難以存活，蘇格蘭人仍並不打算就此放棄，輕易的在這個卡珝米兒豪華產業的發展上畫下句點。

蘇格蘭紡織廠的專家發現，運用Teviot River的「軟水」將他們自東方進口的羊絨素材一次次的充分洗滌後，可以製出更柔軟、色澤更鮮麗的卡珝米兒紗線；洗滌、染色的用「水」，在卡珝米兒織品產業中可是扮演著極具關鍵性的角色──就如蘇格蘭Whisky，因為水質的無可比擬而獨具一格。（註9）

這令我感覺真正有趣！強調「洗滌」這些大自然賜予的，東方卡珝米兒嬌客的「用水」與技術，奠定了西方蘇格蘭無可取代的產業優勢。

蘇格蘭卡珝米兒代表了品質上的一定高水準，還包括他們的堅持，從蒙古伊朗或北印度運來的喀什米爾羊毛素材，必須在多次的處理程序中，撿除其中的五成，那合格的二分之一素材，還要經過用水與洗滌、染色等最高度的講究。

蘇格蘭人宣稱，他們同時是工業機械與針織設計的大行家，有

的是接近兩百年的產業傳承；上好的卡珝米兒毛衣，只有蘇格蘭織廠才能確保最高級的水準，這可是蘇格蘭絕對的驕傲！而它產出的卡珝米兒毛衣，正是傳說中可以穿個十年不老，甚至可以傳給後代的卡珝米兒精品了。

拉納‧透娜 The Original Sweater Girl

時裝革命隨著工業革命演繹，歐洲人的「卡珝米兒披巾風靡症」，似乎從十九世紀末逐漸淡化，並且在二十世紀痊癒了。於是，卡珝米兒披巾也奇怪的被人們逐漸淡忘。

二十世紀卡珝米兒極品風華表現的面貌，有了另一種機緣，它以纖維紗線的形式，融入時裝布料與毛衣呈現的世界；它不再依存於喀什米爾的手工紡織巧匠，卻需要仰賴高級訂制服風尚大師的風格之眼，在CoCo Chanel手上或Jean Patou的設計檯上，讓它幻化而成流行時裝的上乘佳作。

卡珝米兒的存在，超越了過去披巾的形式，所代表的依然是「奢華的高度」。溫暖柔美的卡珝米兒，配合工業紡織技術，有了另一個最受歡迎的運用：一九三七年，美國影星拉納‧透娜（Lana Tuner）在They Won't Forget影片中，以一襲緊身卡珝米兒「Sweater毛衣」（直譯為「汗衫」，其來有自）搭配大蓬裙，加上頸間一條項鍊，便成為有格調的盛裝，可以參加晚宴的適當裝扮。

拉納‧透娜毛衣女孩的風情，立即將卡珝米兒羊毛衫的俏麗風貌，與美國式的簡潔大方情調畫上等號，從此，拉納‧透娜也被膩稱為美國女孩形象典範：「The Original Sweater Girl」。

摩納哥王妃葛麗絲‧凱莉（Grace Kelly）的劇中人形象造型，更是讓多種粉彩色的Cashmere twin set（兩件式開前襟套頭衫與外套）

在時裝世界上奠定了經典地位，影響所及，二十世紀的服裝史上，因此記錄了五○年代，美國女大學生穿著短袖緊身套頭衫、肩上披著卡珝米兒羊絨毛衣的俏麗模樣。

在東方中國，洋派上海閨秀與美國女孩同樣的，也開始在各式的旗袍上，或罩或披著一件時髦舶來品：卡珝米兒毛衣，這些毛衣雖然來自蘇格蘭或義大利，不過，它的素材肯定來自蒙古或西藏。

大亨晚宴中摺放在腿上的霞凸許

二十世紀以來，急速普遍化的時尚世界，一度沈迷於人造纖維的便利與耐用性，而冷淡了卡珝米兒的存在。一直到八○年代，人們對卡珝米兒大披巾才重新燃起熱情，當時尚設計師與奢華事業行家，再一次將霞凸許的美麗神話多方傳誦，並且教育大群對超級奢華重溫迷戀之情的霞凸許迷，使他們狂熱的享受，神化了那教人非得擁有的霞凸許披巾。

超級奢華所向披靡！舉凡好萊塢明星與時尚名流，從歐美到香港的貴婦少奶奶，人人對霞凸許趨之若鶩，一幅上乘霞凸許披巾，是社交圈中所有年齡的女仕，在正式晚宴場合的「不可或缺」！甚至，香港大亨們在晚宴中，時興攜一條霞凸許摺放在腿上，在冷氣歇斯底里到寒帶化了的香港宴會廳中，有風格的護著自己的膝蓋。

Carrie就為了她親愛父親的六十歲生日，大方失血了五百英鎊，買到一條原色淺褐小圍巾，那時她其實差一點就要籌資借錢，買下自己想要的更大一幅披巾，那可是二千英鎊的投資！而據知，今日即便花費多至一萬五千英鎊之數取得這樣一條披巾者，也大有人在。

誰能料及，這一番對頂級之頂的霞凸許的渴求，便在八○年代

的時尚行家與財富人士的口耳相傳、爭相求取之間，成為將藏羚羊推向品種滅絕的元凶！

　　來自東方喜馬拉雅山脈的上乘卡珝米兒披巾，在交通阻隔、陸地交通工具效能有限的古代，就在羅馬帝國的盛世時期中，透過波斯的引薦，已經為鍾愛華美、懂得享受的羅馬權貴視為珍寶。

　　羅馬人著名的奢華品味，也包括了對中國絲綢、東方的香氛所

產生的瘋狂迷戀。雖然羅馬式的終極奢華，揮霍享受者的知名度，絲毫不浪得虛名，然而，享受宇宙天下華美物質之極品，似乎本來就是一項跨越文化、國界疆域，穿透時空隔閡，人類共通的享樂本能。這些共同體驗，記載著對同一美妙物質的共同禮讚。

更令人好奇有趣的面向是：是怎樣的因緣際會，使文雅的、政治的與好戰的羅馬男性，以及驍勇善戰的蒙古將軍、印度大君、拿破崙的約瑟芬皇后、帝俄的凱薩琳大帝，與來自喜馬拉雅山或西藏、來源至為稀有的細柔霞凸許（卡珝米兒）披巾有了相遇的機會？

這相遇也絕對是空前絕後的豔遇，它的美麗，它那輕、柔、滑、軟質地之稀奇，必然超越想像，也必然一致令人一見鍾情而難以抗拒，臣服之心油然而生，連鐵漢將帥都要為之傾倒；當然，這與它得來大不易的神祕，必定有著相當的關連!?

溫習卡珝米兒被人們鍾愛的歷史，原來，就像記錄了一項當東方遇見西方，所迸出的華美奇蹟。

稀有性

- 實際上，現在只有「A」級品，是從靠近頸顎、腹部皮膚的毛皮底層，一點一點「梳」出來的短細絨毛，來源與產量相對的比較稀有！

- 帕許米娜近年因為市場需求量太大，於是業者將原來不具帕許米娜資格的羊絨也當作它來銷售，以品質的差異，我們能夠買到的帕許米娜，就分成了五個等級。以素材成本比較：B級x10 = A級，兩者之間的價位就有10倍之差。不過，以專業良知來說，B級以下，就不能算是帕許米娜了。

- 百分之百「A」級品帕許米娜，由於材質極細微，是機械織機所無法處理的，就連手工紡織都很難執行。

- 長、細、軟、韌度，是辨認最高級品質的主要元素。

賞味推薦

- 未染自然原色，有乳白、香檳、灰、褐、紅、黑與棕褐色。

- 純正的帕許米娜織品細柔發亮，既輕柔且滑軟；因此也不適合繡花等繁複加工。不過市面上供應品已經造成品質的極大污染，甚至有人造纖維紡品魚目混珠，奉勸奢華物質的喜好者，還是自我鍛鍊賞味達人的一身好功夫，才能無往不利。

- 「A」級品市售價位約500美元／full size披巾，89美元也可以買到品質不差、攙有百分之五十或七十蠶絲的「Pashmina」，但是，全靠眼光和運氣。

- 坊間出售的許多帕許米娜，是絲與羊絨的混合織品，並非純羊絨；兩種奢華材料最好的組合，是在百分之三十與百分之七十混合比例（蠶絲與羊絨，混合使紡織可以機械化，也使成本價格降低。）

- 披巾長短尺寸與價位當然也有關係！十九世紀皇家披巾的尺寸，遠比現在在長與寬上都高出許多！不過，越是手工成品，尺寸越難標準化；坊間一般的full size是90×200公分（35.4× 78.7英寸）或90×210公分（35.4×82.7英寸）。

- 染料也有所講究，瑞士出廠的染劑比印度製染的價值要高。

Cashmere（卡玡米兒）

微纖維的直徑

卡玡米兒羊絨纖維的直徑，應該是15～19微米之間的羊絨，等於是人髮的九分之一那麼細微！高過19微米，就不能符合卡玡米兒的低標準。(Marino 羊毛直徑約是23微米)

品種

Capra Hircusu高山羊與其他67個不同品種高山羊。

生長特質

唯有生長在中亞喜馬拉雅山脈，約3000公尺高的高山羊身上。

稀有性

- 全球Cashmere的來源如下：

  中國年產10000噸，佔比相當於全球6成（即16萬5000噸）。此外，蒙古人民共和國則供應了其他3000噸，這項輸出是蒙古外銷經濟的主體。其他來源，還包括了伊朗、阿富汗……。

- 整體來說，全球供應量有超過五成的比重，是應當被頂級廠商剔除的較粗雜毛，因此卡玥米兒頂級品相對是昂貴的。

賞味推薦

- 純正的卡玥米兒其實就等於是B級帕許米娜。

- 以最高級的卡玥米兒織成超薄針織毛衣，在歐洲的春夏季享受它，是這幾年來，拜英國針機械科技之賜的賞味新品。

- 卡玥米兒針織毛衣，已經開始了個人化的訂製潮流。

- 製作冬季大衣的卡玥米兒布料，其中的最高級是雙面(Double Faced)織品，沒有正反兩面之分，也不會有縫邊露出來，因此引以為傲的品牌，堅持不為衣服加上裡布，好秀出專業的華美實質。

一些有用的名詞

Lap Throws 腿上披巾

Paisley Shawl 變形蟲圖紋披巾

Piano Shawl 鋼琴罩

Scarves 圍巾

（男女通用）

Stoles 女用長披巾、聖帶

（牧師、神父等在舉行儀式時所披之物）

Throws 大披巾

（通常並適用於披覆在床、沙發上）

Wraps 披肩式圍巾

SCENT

香氛

靈魂的超級瑜伽？

「…靈魂翱翔在香水之上，正如其他人的靈魂翱翔於音樂之上一般。」——波特萊爾

追隨皇后芳跡

—— 在香氛的故事開始之前

　　揭開香氛文化美麗而神奇的歷史面紗，你將會發現在她悠久的歲月中，處處是為佳人特調的獨特私人配方，足以流芳萬世的偉大作品，一旦隱遁在神祕面紗下，塵封已久、鮮為人知的驚世之作得以釋出，就像絕代佳人芳魂復甦，必然幽幽傾訴無盡的生命故事。

　　「In the Wake of Queen皇后芳跡」（Le Sillage de la Reine）是一份神祕的香氛配方，它是香氛歷史學家Elizabeth Feydeau從法國國家圖書館的原始古文獻中，發掘出來的一個令人聞名就不免心蕩神馳的專屬香氛配方（註10）。原來，它的主人就是瑪麗·安東尼皇后（Marie Antoinette）；是的，她正是在十八世紀末法國大革命中，被矢志推翻皇權的殘暴人士推上斷頭台的美人皇后——一名生於奧地利優雅的哈布斯堡皇室公主，在當時歐洲皇室成員中，堪稱奢華時尚偶像的第一人。

　　「皇后芳跡」係遵循御用古法，集合了橙樹花、薰衣草、玫瑰、茉莉、水仙、麝香、香草、琥珀、西洋杉、檀香、楓子香、鳶尾花、楊梅等近十五味百分之百純香精華，集高貴奢華於一身的複方香氛創作。

　　在一切人生巨變還沒有發生之前，瑪麗·安東尼調香差遣御用調香專人，也就是她最為親信的調香名師Francois Fargeon（花及雍）特別訂製；依皇后指示，調香師當時的靈感來源即是來自她專享的「提安儂宮」，也因此，這份調香配方原名正是「Parfum de Trianon提安儂宮之香」；其中瑪麗·安東尼的香氛最

愛——玫瑰精華，在這份花及雍的調香創作配方中，必定依然是以眾星拱月的姿態，扮演至高的主角。然而，隨著瑪麗‧安東尼皇后的遇難，這份她專屬的調香配方也杳如黃鶴的消失了。

二○○五年七月開始，巴黎凡爾賽宮特別開放了坐落在宮址尾翼，與大宮殿正廳隔著大片公園林樹的「提安儂宮」，這是瑪麗‧安東尼皇后的私領域；凡爾賽宮策展單位並且提供在兩百多年的劫難之後，竟然不意復活的「皇后芳跡」這份香氛，供宮殿的參觀者，在發思古幽情之際，還可以依尋香氛的牽引，呼喚想像力的繆司。這個消息大大驚動了熱愛藝術考古的Emily。

Emily決定專程為「皇后芳跡」而訪提安儂宮，而去凡爾賽，而去巴黎。更正確的說，她要為了瑪麗‧安東尼皇后在宮中復活了的香氛而去，她要用她自己的呼吸與感官，所有的一切感應能力，追蹤瑪麗‧安東尼皇后的氣息蹤影，就在她演出華麗美夢一場的生命舞台、一名女人二十數年的青春精華的場域中，追尋她幽幽的生命芬芳。

「這個依古法調製的純香精華油配方，釋放了一種奇異美妙的感官震盪，是即便現代迷戀香水的行家，從不曾體驗過的……它令人心蕩神馳……」體驗者如是證言。

就在小提安儂宮散播二百多年前皇后鍾愛的香味之際，（倒不必驚訝投入於神鬼或靈魂不滅說者，可能要告訴我們，它真的能喚醒在斷頭台上被革了命的皇后的靈魂！）我真正感覺有趣的倒是，透過那美麗幽香的洗滌，可能褪去人們意識裡原來皇后那衰敗不堪、被玷污了的印象嗎？

我們甚至希望大發奇想，但願「皇后芳跡」的復甦，讓「她」透過專用的香氛，可以在二百多年之後，滲透異變的時空，穿越被歷史錯落開來的時空場域，就憑藉她的香味，仍然勾引出引領時尚的瑪麗‧安東尼那諸般風華萬千的神韻。

嗅聞一部
悠遠的史詩

香氛與人類共生漫漫五千年

香氛存在的歷史，至少與地球一樣長，而它確定比人類的存在時間更為長久。

夜空之下的嬌豔花香、森林裡濕潤的土地上傳來的土香，草、木與樹根香、野漿果香、香甜至氾濫的熟透水果香、野生香料草的撲鼻清香，風中傳來的各色花粉香，宇宙的大自然，超乎慷慨的隨處為我們準備了各色各樣的香氛；並且預期，人們將透過那嗅聞細胞元裡配備的一千個接收元的基因（註11），與調香師的「化香巧藝」，來撫慰犒賞、浪漫我們的身心靈，人們還會透過草藥醫療學的運用，解除疾病，帶來身體的健康。

聖靈之香

Perfume，香氣（香水）的拉丁字根是per與fumum，大意是指「進入另一境界（through）的煙霧（fumum）」；香氛，是一項滋養生靈，已經與人類共生了五千年以上的古文明。

▶埃及豔后克莉歐佩脫拉善於運用香味的戲劇性，營造感官的刺激。（corbis）

每個古代文明的老祖先都一致的相信，燃燒香料（就是咱們的拜拜燒香嘛！）是開啓地上的人類與天上的神祇之間聯繫頻道的媒介，啓動連線的鍵盤；焚香，大可以達到娛神、供神、敬神的效應；在凡人的需求方面，它被用來驅魔，為人治病；遠古人們也在性交前後使用。

　　在古文明時期的西方，燃燒香料（燒香）是僅限於神職人士、大祭司才能從事的；西方以敬神目的燒香的傳統根源來自古早：連摩西獲得的「主諭」中，都提到「乳香（Frankincense）。

　　《聖經》裡對「乳香」的崇敬極其明顯，送給初生的耶穌基督的第一項禮物就是乳香。至今，天主教仍然保留著在儀式中焚燒香料的傳統；而我們卻誤以為只有道教的拜拜才燃香。

　　回教文化也將玫瑰當作神聖的象徵，回教徒每聞一次玫瑰，就該讚美他們的主道：「阿拉！」《可蘭經》更是允以香氛作為信徒升天（死亡）之後的報償，虔誠信徒升天後，得以享有全身散發出檀香木純香的美麗仙女，提供最終的歡愉。（註12）

當香氣終於不再受限於只能在神壇與祭祀的目的上使用之後，古埃及幾千年以降的香氛狂熱史就此展開。

埃及的香氛迷情

古埃及最有名的香水Kyphi（綺扉，註13），顧名思義是「歡迎投向諸神之境」；它是埃及人每日三次的香味祭祀儀節中在黃昏的那一次，被用來向「Ra」──埃及的太陽神──祭禱用的。

它的成分，據知富有「催眠」效果；凡人嗅聞了它，便能忘卻一切煩憂或身體的不適，得以安然入睡。它是含了玫瑰油、番紅花與紫羅蘭成分的神祕配方。這個配方必然神聖，因為常見它以象形文字記載在金字塔內的大片牆上。

除了娛神禮神之外，古代埃及人平日為自己使用香氛，求得了各種必要性，例如：驅除魔蠱、醫療治病、美容清潔等等；不過，令他們最享受的，莫過於每天洗上幾個香氛滿溢的大澡了。

埃及人由於懂得芳香療法與相關身心靈理論，普遍的講究香氛至「挑剔」的程度；光是在沐浴這件事上，他們就是徹底的大費周章！在洗個澡的過程中，運用的香味種類之多與個人享用的法門之繁，真不是「歎為觀止」形容得了的。

埃及人特別喜歡的香氛有哪些？該就是鳶尾花、天芥、番

古埃及皇后海絲祖（Hatshepsut）在三千年前，迷上了稀奇的乳香（frankincense），於是她派遣了探險大隊一路向阿拉伯挺進，追尋不懈；終至在今日的葉門地區尋得乳香樹的最佳源地。這個事件至關重要，因此邦國造了金字塔大廟，紀念皇后促使發現「乳香聖物」的偉大功績。

紅花、肉桂、西洋杉與沒藥等氣味濃郁之香了。

　　為了保持光滑的皮膚──這可被視為是「為人的禮儀」，他們普遍的迷戀各種香氛油脂（膏狀），所有女性超級注重把自己打扮得香香美美的各種儀式，她們不止善於化妝（普遍具有塗眼彩膏的高超手藝），還喜歡刺青，更在每天的不同時段施行身體的灑香工程，並且堅持一日數次。

　　在奢華的香氛之中享受沐浴，對古文明時代的埃及人來說，就是一種高尚的社交模式。往往，一個埃及貴族的一天，就是在這麼百香怒放的三次沐浴之間度過。

　　當上流社交圈的貴族參加宴會時，自己也會準備著錐狀香膏置放在頭頂上一個蠟製小台內，讓香膏隨著體溫、隨著時間，慢慢的融化；香膏融化間，香油就如小小露珠一般的，滴在臉上、肩頭；而宴會的主人為了營造奢華氣氛，也為了賓主盡歡，必得在宮殿會場裡處處巧心運用香氛；薰香氣味的鋪陳，早已是埃及人宴客的重心。

　　男性參加晚宴時，在大門入口處就得接受花環，並且選擇今晚個人喜歡的香膏，隨身被伺候著使用；之後，他們會「有禮的」踏上鋪滿花瓣的地面，進入用餐處；這些花瓣，就是等著在地上，侍應賓客玉腳臨幸，在蒙受踏踩之際，立時散放的強烈芳香。

芳香療法 Aromatherpy

　　埃及文明對香氛的認識與醫療運用極其嫻熟，先進而科學化。於生，他們知道靠著它，人的身體與靈性一旦達到和鳴狀態，可以帶來健康快樂，還可以昇

華達到超凡的境界。於死，他們更徹底的運用香氛，他們以香氛塗覆亡者身體，在木乃伊的製作程序中香氛用來保存遺體。埃及人的今生只為進入來世而準備；他們要用香氛，確保再生的過程充滿「愉悅的體驗」；感受香氛的歡愉，是不受限於這一世人生的！對埃及人，它也確定存在於天上人間。

今日的我們，透過對芳香的熱中，終於體會到「芳香療法」可以帶給我們的，不只是肉體感官的享受，香氛的特性與所賦有的治癒力，與香氛醫療的完整學理，埃及人早已發展施用，它來自五千年高度智慧的濃縮；今日科學家開始同意，他們對芳香療法與身心靈理論的認知，只能算是一種文藝復興，而且才在起步的階段；而埃及文明掌握的許多知識，我們依然有待發現。

埃及豔后「醉」人之香

人人都知道埃及豔后克莉歐佩脫拉（Cleopatra），這位被喚為「歷史的情婦」的超凡女性；她的名字在後人的心中喚起了絕代風華、既浪漫又神祕的印象。為了形容她的世紀魅力，史學家對她必定已經大感詞窮，於是動用了「情婦」這個字眼。

以一名女性而經歷了充滿權力、精采絕倫的政治生命，本來就已超凡如神；然而，令人費解的是，她那看來燦爛至極的生命，卻並不是因為擁有傾國傾城的女人美色！

　　若忠實模擬她的樣貌，證實她甚至有個過大的鷹勾狀鼻型，置放在算不上嫵媚的臉龐上。

　　然而，她能夠輕易的「駛入男人的生命，擄走他的心」（註14）的歷史事實告訴我們，她必定具有在樣貌上看不出來的、特別迷人的強烈特質；她必定也有少見的聰明、過人的智慧、魄力、博學與好品味，以及對人性至為深入精闢的見解。

　　除了擁有精通九國語言的才華之外，她並且必然深諳一切教人「神魂顛倒」的技巧。雖然將她簡化成一名「懂幻術的女妖」，或一如她的羅馬敵人所形容：「邪惡的女巫」很容易；但是，我們寧願以一名超級女性來看待她、發現她、了解她；貼近認識凡人之身的埃及豔后，想像克莉歐佩脫拉所擁有的各式「超凡能力」，可以獲得的樂趣與知識真是太多了。

偷香奪愛

　　埃及豔后克莉歐佩脫拉，擁有許多最值得二十一世紀的人們認識的優點，其中之一，必定是她極其擅長於

營造的、誘惑人心的「奪愛的氛圍」；這種能力，相信不只可以為今日體驗行銷專家帶動無限上綱的創意靈感，並且極其實用，即便我們只關心替自己謀求幸福。

據說，克莉歐佩脫拉從頭到腳、全身上下，在任何時刻都是芳香撲鼻的；隨時隨地的，她用Kyphi塗抹雙手！所到之處，僕從必以香爐薰香圍繞四周；而她的腿與足，甚至每根腳趾頭，同樣隨時的要以香精乳液充分浸潤，直到每一分每一吋都充滿香氛氣味；埃及豔后本人正是一名精於運用香味精華的超級香氛大師。

當年克莉歐佩脫拉將自己奉送給凱撒大帝的時候，也是經過一番巧妙的芳香氛圍計謀來的，她也因此得以如願的博取了凱撒熱烈的愛情：她將自己像春捲一般包裹在絲毯中，捲著讓人給送到凱撒的面前！從絲毯中捲出來的埃及女王，在一陣香氣四溢的當兒現身於大帝的眼前，令人讚嘆這是如何精采的一場奪取憐愛的香豔戲劇！

女神「駕著馨香的雲朵翩然降臨」

連莎士比亞對她營造「奪愛的氛圍」的技巧，都特為生動的描繪著，捕捉克莉歐佩脫拉如何運用香味的戲劇性，營造震撼感官、勾引人心氣氛的巧妙手法！

莎翁在《安東尼與克莉歐佩脫拉》劇本中，是這樣恭維克莉歐佩脫拉與安東尼相會的場景：由駁船遠遠傳來，一陣奇異而隱形的香水如雲霧般飄來，扣緊了感官，來自鄰近的香氛，預告了女王陛下即將現身的華麗場景！

當克莉歐佩脫拉的船隊，出現在海港，在塔瑟斯的碼頭邊，

千萬人群大陣仗的目睹之下……＜女王陛下如雲霧般的芳香，比她本人還先駕到，就像以香氣四溢的風送來的名片＞……（註15）

　　此時，她將自己打扮成希臘的性愛女神阿芙黛，並且將早已設計好，讓前往迎接安東尼的杉木船展開了灑滿香水的紫色與金色的布帆乘風而來。在安東尼目睹之下，塔瑟斯的子民，為了當地最為崇拜的女神阿芙黛「駕著馨香的雲朵翩然降臨」，人人無不狂熱的恭迎、崇拜著這般神蹟。

　　當情郎安東尼終於登堂入室時，更精彩的，他發現宮殿的地面上，滿滿覆蓋了高及一呎半，香氣撲鼻的玫瑰花瓣──露水尚未退去的，完全新鮮的！

　　這迎接馬克安東尼的，是三百六十度化的玫瑰花香；克莉歐佩脫拉就在她宮殿寢房的四面牆壁上，將新鮮玫瑰花厚厚的置入罩網內，不斷的散放濃郁的玫瑰花香，讓空氣裡的每個分子都瀰漫著催情的濃濃春藥……

　　「……他們倆是否席地而枕，在一灘又香又軟、震顫不已的玫瑰花瓣間做愛，抑或他們使用床，彷彿登上小舟，在香氣撲鼻的玫瑰海洋中，漂浮擺盪？……」（註16）

　　我千般仰慕的作家黛安‧艾克曼（Diane Ackerman）如此描寫。在她的想像中，難以迴避的動了情，任由自己放縱想像的力量，神遊在這般必然是段世紀激情之作的氛圍中。

愛戀香氛的
希臘女神阿芙黛

　　希臘神話裡，勾引魔術與奇蹟的香氛有著重要的地位，連象徵美麗與愛的阿芙黛女神，都是一位愛戀香氛的神。

　　希臘人以敬愛文化、藝術的心態，享受他們高雅的香氛。他們從東方波斯帝國獲取了異國香氛精華的豐富選擇，也承繼了埃及人融入芳香療法的沐浴享受。

　　在希臘時代，城市裡香氛店舖雲集，市民的日常生活可謂是全面的融入了「香氛生活」；光是在雅典城內，就有上百家調香師的舖子；這些香精舖子可以說是當代雅典人日常頻繁光顧、最容易碰見朋友的地方。希臘對香氛的高度著迷，使它成為一個香氛文化普遍發展的精緻社會。

香噴噴的沐浴社交

在希臘，人人也將每天沐浴的例行公事當作生活大事；他們對每種香精特性的運用，普遍的有著高度的領會，也因此每次沐浴時，每個人都懂得為自己準備好幾種不同的香膏，依當時合適的情緒，運用在身體不同的部位。

為了使用方便，希臘人開始將香料粉末與橄欖油融合，做成液體的香精油，精心儲放在精緻的長筒形瓶子裡，配合著埃及人早就使用的膏狀香膏，瓶瓶罐罐的置放在浴室中，好隨時使用；這與我們今日家裡，最愛的浴室內，必要的擺設並無不同。

想知道希臘人最中意的香氛是什麼？它們是馬鬱蘭、百合、鼠尾草、茴香、百里香、玫瑰與鳶尾花。

偉大史詩作家荷馬也說了：沐浴及香油是主人待客的必備之物。想像，將香噴噴的沐浴當作是社交活動，是多麼好禮的待客之道！

亞歷山大大帝也迷戀香氛

亞歷山大大帝也迷戀香氛，他尤其喜愛番紅花，最喜歡穿著浸泡了番紅花精油的袍子；亞歷山大大帝應該是在向東方波斯帝國進軍的征戰中，養成了對異國來源香料與香氛的嗜好；在他出征時，每至一處，只要發現新奇的香氛，尤其是自己中意的，就派人在當地收集了香料品種，兼程送回國內，供專人在雅典培育，促使希臘在雅典迅速建立了一個可觀的世界香料植物園。

希臘學者有極為完整的植物學與芳香療法的論述，西元前四百年間，一名希臘作家有番獨門香氛心得，他說：將薄荷塗在手臂，

迷迭香用在膝蓋，肉桂、玫瑰適合下顎與胸部，杏仁油則適於塗在手腳……。雅典的植物學家Theophrastus尚且著書，針對香氛精油的運用，影響及於情緒與思考作用，詳盡論述，書中他也多方提及玫瑰的效應──玫瑰是極古老的香氛之后。

不過，我們的大哲學家蘇格拉底，卻很不同意當時人們對香氛的耽溺，主要是擔心一旦人們經過大量的嗅覺「混淆」，會分辨不出有汗味的奴隸與自由人（無汗臭）的不同。

一個人的氣味，就是這麼清晰的代表了他的社會階層！

為香味也瘋狂

羅馬女性施行繁複的美髮與美容化妝術，服侍女貴族的美容、香氛、化妝奴婢，常常忙得鬧成一團被看作大笑話，有人戲謔這番場景是一個製造人工美女的大鬧劇。

不過，也可別以為「患上」香氛之戀者就只是女性，羅馬時代的男性對香氣的迷情，又是令人嘆為觀止的另一奇觀：他們只願意在大量的香水中沐浴；男性的羅馬貴族，一日也要分三次噴灑香精，連狗寵物與愛馬，都同樣施以高規格香氛待遇，毫不吝惜！

許多學者指出，乳香與沒藥就是羅馬文化最具代表性的香味。

羅馬人稱呼愛人的暱稱，是「我的小沒藥」、「我的小肉桂兒」（相對的，現代美、英文改用好吃的甜食「honey」、「sweetie」……），由此我們可以得知，香氣，在當時人的感官意識裡，與情愛這項「最珍貴之愛」是多麼的貼近。

尼祿，也為香味瘋狂！這位歷史上眾所皆知的暴君，是個好擺宴席、大作場面的派對野獸；在某一次宴會裡，光光在香氛作用的鋪陳上，就花了與今日的二十萬美元等值的大手筆投資，買入大批

玫瑰花；這次效果的確驚人，宴會場中徹頭徹尾的充斥了濃郁的香氛，竟然令一名不幸的貴客，就在一陣陣玫瑰花瓣的急雨中窒息死去。

尼羅王在喜愛上了焚香的習慣之後，他的大手筆揮霍，使整個阿拉伯拚命生產依然供應不及；雖然年年的增產，卻總是供應不了他與日俱增的龐大胃口。

香氛特技馬戲團盛大公演

羅馬人的宴會窮極奢華之能事，這樣的知名度，必定與他們善於以各種香氛表演特技的戲劇性，有著絕大的關聯；他們運用著極富想像力的設計與舞台技術，來施放香氛的表演；想像：噴泉裡，玫瑰露如泉，高昂的噴灑而出……，香露如霧般緩緩升起……，新鮮玫瑰花瓣從屋頂、邊牆，配合著餐點的節奏，在音樂與舞蹈之間時急時緩的飄灑而下。

羅馬人的宴會中常常有的香氛節目，是令一群泡好香氛的鳥兒（希望牠們有著最遲鈍的嗅覺！）飛翔在會場的上空，在羽翅的擺動間施放香氛，他們令室內外的所有布品──層層窗簾布、抱枕、床單、桌布──都要設置成為發散香味的媒介；多層次佈置香精燭臺、燃油薰香等，樣樣少不了。

連僕從與傭奴都要為香味派上用場：「供香女奴」經過精選，然後讓她們洗淨，再在身上灑著昂貴的香氛，叫她們依需要或四處走動，或停駐一處──人體有體溫，因此是散發香氣、令芳香緩緩揮發的恰當載體。貴客們浸淫在花香露氣之中，若覺尚香氛供量有所不足，還可以一手攬來身邊的供香女奴，在她灑滿香味的身上再狠狠吸納幾口濃香。

另一邊，主人還準備了其他男女奴隸群，拿管子將各種稀有的香氛吹進宴會場內；還有訓練好的舞者，間歇的飄舞而過，將濃重的動物香味如麝香、龍涎香等，趁機灑在賓主身上。同一時間，菜上到最精華部分時，還會有番紅花與玫瑰露從食物中或噴出或溢出；羅馬人宴會的超級奢華製作手筆，一點不下於一個表演香氛特技的馬戲團，推出盛大公演之首夜。

東方之香的
異國情挑

跨越宗教派別的聖靈之花

神祕而古老的玫瑰

我們都知道，紅玫瑰代表熱情與愛慾，白玫瑰最適合用來禮敬聖母瑪麗亞，玫瑰是代表聖靈的花朵，象徵純潔、真愛與純粹。玫瑰花就象徵了聖母瑪麗亞，《達文西密碼》的閱讀，俯拾即是神祕的「玫瑰」隱喻，它在處處暗藏著玄機。相信也只有極少人知道，天主教的念珠，原來是由一百六十五片小心捲起的乾燥玫瑰花瓣串組而成的。

古來埃及、希臘、羅馬人一致的受到它無法抗拒的誘惑；而玫瑰在回教世界中，不論是對阿拉伯人或是土耳其人，同樣在宗教上代表了神聖，在民生上等同於尊貴、奢華與歡愉，它是最高貴的花中之后，跨越宗教流派的聖靈之花。

僅僅就人類文明史觀來說，玫瑰的神祕蹤跡，存在於每一古文明、每一宗教、每一地理區域。西方人也都認為，中國正是有名的Tea Rose的原生地。

野玫瑰的化石之古老，可以至少追溯到距今四千萬年前的幽幽遠古！

在我們的地球上，從東亞到西歐，其間夾著中亞，就有著驚人之多的不同品種野生玫瑰；但因為各個文明的珍愛，數千年來歷經的農業培植與不斷的品種改良，使得每種最著名玫瑰的原始基因，都已經模糊不可考。

誘引天地之「愛」的純香

如果我們說，香氣是植物的靈魂，那麼玫瑰花與它的香味，必定有個比任何花香果香更為勾引人心、更加挑逗女性愛慾官能的靈魂。

克莉歐佩脫拉必定極為善解人心，她知道古羅馬人最容易為玫瑰而陶醉，她知道要燃點羅馬人的熱情，就用滿溢風中、撲鼻而來的「玫瑰香」，來佈置天羅地網般的感官迷魂陣；在她與凱撒相戀，來到羅馬公開出入之後，她令所參與的典禮與宴會一律要大量的運用玫瑰，想必除了提供感官陶醉的氛圍，以玫瑰香氛遍灑奢華，可以誘引羅馬人於迷戀之情的有益效應。

埃及玫瑰（今日我們稱之為洋薔薇）具有多重花瓣，這就是希臘植物學家所稱的「百瓣玫瑰」；它，無疑的便是克莉歐佩脫拉最親密的香氛精華。

歐洲的古典世界中所享用的玫瑰精華，與波斯文化的根源更是緊密相連。

古波斯帝國享有奢華的物質文化，它的官能享受，以絲綢布料、純絲織造的波斯地毯，以及對香料與玫瑰花精油知識的極致，烙下華麗的文明註記。大量享用香氛的古波斯帝國，發展出精緻獨到的香氛文化。波斯國王大流士三世潰敗於希臘領軍征戰的亞歷山大大帝手下時（331BC. Aroelle戰役），在大流士的帳棚中，被希臘

軍隊所扣押的一個寶盒，其中就裝了滿滿的各種香氛乳液。

　　五世紀末的巴比倫（相當於今日的阿拉伯地區），已是早期對歐洲輸出香氛與香料的大宗貿易中心。隨著羅馬的十字軍東征，從這所謂的「東方」地區，帶著來自波斯、土耳其、中東阿拉伯、印度，不計其數的異國風情的香料與各種更為瑰麗的香氛凱旋歸國，為歐洲再度帶回了大量灑用香水的習慣；這其中，當然還包括氣味更為濃郁香甜的「大馬士革」玫瑰的品種，這是當時、也是今日萃取最高級玫瑰花精油的極品，也是古來誘引「天地之愛」的純香。

保加利亞的「大馬士革」玫瑰精油

　　保加利亞玫瑰精油，可是存在銀行裡，需要財經專才治理的國家級外貿財富，價值性至今並且在日日提升之中呢！

　　在全世界現存的二萬多種玫瑰之中，能夠萃取出最香最大量精華的，無非是那具有三十片花瓣的「大馬士革品種」玫瑰。阿拉伯人珍視這個尊榮至極的花朵，相信他們寧願以「阿拉伯玫瑰」稱呼它。。

　　「大馬士革品種」玫瑰，在今日我所知道的、產出最上乘玫瑰精油的聖地保加利亞發揚光大，在這裡，它以「Rosa Damascena」為

名。保加利亞玫瑰精油（Rose Otto）被列為當今之最高極品，被行
家珍視尊崇無比。比起其他產地的玫瑰花類精華，它的玫瑰精油香
醇度高出許多，更為瑰麗，更引誘人，更教人陶醉！（更多資訊請
詳「達人專區」）

提取香精的宇宙智慧

採集玫瑰提取香精的文化，是累積數千年以來的宇宙智慧。從拜占廷東羅馬帝國以來演繹的古法，採集玫瑰花的季節裡，真正必要講究的是，每日採花的「天時」、採集僅限於首日展開的花苞，與完全的手工這三件大事。

依地理位置的不同，每年熟春，就是唯一的花朵採收節令，在保加利亞這個時令落在五月底六月初。在這段期間，採集玫瑰向來只能在薄薄晨曦之中進行，太陽一旦升起或上午七時之後，便得收工；保加利亞玫瑰花園的祖先告訴子孫，首日綻放的花苞，蘊含的

香精油不只質佳，量還多了一倍，但，必得在這一天日出前的晨曦之中採擷。提取玫瑰香精的一切程序，只容遵循古法，因為它是百般精確的宇宙智慧。

保加利亞玫瑰精油採集大地精華的場景，就是一則美麗浪漫的傳奇：放眼望去，處子之身的少女隱隱在太陽初露曙光的晨曦中採集鮮花，她們簇擁著玫瑰花，滿滿懷抱在胸前，此間晨曦的薄霧迷漫，少女歌頌讚美之聲，迴盪在它著名的玫瑰山谷中……。

香氛建築

在古代，皇室宮廷建築或神殿，總是建造成一棟棟香氣四溢的建築，子民只要靠近一些，就能一親「芳澤」，巧妙的風水設計更能讓建築隨著風向，將香氣飄向老百姓的起居場所，統治者香氛四溢的宮殿，令子民隨時不會忘記皇威聖恩的存在。

西洋杉（Cedar）的香脂是木質香氛項目的「狠角色」，也是極有效的天然驅蟲劑。所羅門王就特別指定他的宗廟要以西洋杉建造。回教清真寺的建造，常在灰泥中混合玫瑰露與麝香，調勻後敷上壁面，在午間的強烈太陽照射下，它便是散發香氣的源頭。

在希臘，黛安娜女神的弗西斯神殿（Ephesus），是一座面積大於足球場的神廟，在西元前三五六年亞歷山大大帝出生時，遭到縱火焚毀；神殿的建築雖然是由一百二十七根高達六十呎的大理石圓柱構成，屋頂卻是以西洋杉木建造而成；史上記錄了滿溢香氣的火焰，燃燒了幾天幾夜。

中世紀古堡的地板，在鋪上的石材之下，還特地設計了嵌入木盒的凹槽，可以方便的掀開，依需要置放迷迭香、薰衣草；這個裝置令室內空氣隨時融入香氛，在傳染病往往蔓延失控的環境裡，並

可用於置入其他可以消毒、增加抵抗力，預防斑疹、傷寒等等的香
氛草藥，使得室內成為安全的保健環境！

　　這樣巧妙的室內香氛裝置，給了我們有趣而實用的室內設計點
子，想必可以在打造理想的生活空間時，提供另一向度的設計思

維，叫它第四度氣味空間的設計如何?!

　　清朝皇帝的避暑夏宮，全部的樑與壁都取材於西洋杉，為了讓它的香味可以自然散發，建築師還特別不為它塗上任何漆料。

大唐香氛

　　七世紀的唐朝也有個享受、珍惜香氛的貴族文化。這個傳統據知延續直至十七世紀的明朝。

唐朝從印度進口茉莉香油、薑及荳蔻，經過絲路從波斯輸入玫瑰露，之後令爪哇進貢丁香、安息香樹脂。唐朝中國人的香氛文化與時裝相同，開始充滿了西域帶來的異國風情；《本草綱目》的記載告訴我們，玫瑰露可以幫助消化、清肝、清血；洋甘菊則可以去頭痛頭暈，還可以治傷風；薑呢，對治咳與排除痢疾至為有效……。

日本的香道傳統

香氛應該是隨著佛教的傳入進入日本；平安時代的貴族階級，日常習慣於燃香讓室內常保薰香；不論男女，他們所穿的衣物也樣樣以透露芬芳香氣為雅，「薰物」是貴族生活精緻文化的重要一環。

在武士世家社會中，樹木類的香氛貼切的融入武道士精神；武士透過薰香尋求「定」、「靜」與「內視力」。

日本的香道是在十五世紀時開始成形，蔚為一項具體的文化傳統；至今京都仍然保有世代相傳的製香古香堂。

文藝復興的
調香藝術

獨門配方是社交權柄的秘密武器

煉金術士？魔法師？還是藝術家？

　　當佛羅倫斯美迪奇家族的公主卡瑟琳（1519-1589）嫁入法國皇室成為亨利二世的皇后時，卡瑟琳依依難捨，為了必須遠離娘家富裕精美的奢華宮廷文化內心掙扎不已；她終於找到解決方案：讓她寵愛信賴的御用調香藝匠夫洛倫廷（Rene Le Florentin）與香水製坊，一起隨身從翡冷翠嫁到法國來；時間是十六世紀中葉，文藝復興在義大利才開始不久；這個源起，也促成了法國宮廷展開愛戀香水，致數百年不墜的風靡熱潮，最後終於成為全球奢華香氛產業的至高權威。

　　我們也可以一窺，當時嫁入文化尚且粗糙的法國皇家的美迪奇家族女性，是多麼的需要運用精緻、先進的藝術與生活品味來武裝自己。她的娘家托斯卡尼亞大公國，因為扮演優秀的銀行家、企業家，帶來了推動文藝復興所需要的財富。為了鞏固自己的地位，也藉以在皇室籠絡重要的人際關係，卡瑟琳的御用調香師夫洛倫廷，就在這個時機設計出浸滿了香味精華的「香氛手套」，令卡瑟琳因此在宮中更加的顯現萬千榮耀。

卡瑟琳不只享有為她獨創的調相配方，令法國貴族社會不得不對她另眼相待，握有控制超級調香師的權力，更是絕對令人百般羨慕又嫉妒！

　　為了滿足控制慾望特別強的卡瑟琳，夫洛倫廷還為她設計了含有大量朝鮮薊的「情慾食譜」。皇后還甚至讓他大大耍起煉金術士一般的手段，出神入化的變化香精的配方，並且據說就調配出某種「香氛毒藥」，專門用來對付不聽話、不合作、太具競爭性的政治、社交敵手！

　　為了充分掌控香氛製坊，也為了防止最高機密的香水配方流出或被竊取，卡瑟琳皇后還在她寢宮設有地下密道，以便她隨時的嚴格監控；皇后的幸福與她煉金術士般的調香師，締結至為密切的機要關係，應當可以說是與埃及豔后克莉歐佩脫拉所練就的宮廷魅力大法、御人魔術一脈相承吧！

　　而他，到底是調香師？是煉金術士？還是魔法師？不，他是藝術家！

　　文藝復興啓蒙地的義大利，由於威尼斯商人善於貿易，透過交易珠寶絲綢與香料之路，從東方與中南美洲各種異國風情香料源源供應，往往身兼化學藥師的義大利調香師，揮灑創意，將「香草」、「可可」、「丁香」等等各種奇香異果巧妙的調劑，廣受宮廷與貴婦的青睞，在當代貴族社會中漸漸擁有藝術家一般的創作地位。

　　而當時渴望擁有影響力的女貴族，總是拿獨家香氛、專門美容聖品，進行永不止息的地位權力競爭。調香達人成為她們掌握皇室社交權柄的祕密武器。

　　威尼斯一位擁有傲人才華的調香師，甚至調配出特別

的「威尼斯水」，能使女仕產生銀白燦爛的「白金髮色」，這樣的髮色，創造了當代女性美的典範，在當代畫作中的美人肖像經常見識得到。文藝復興時代，可以說是調香成為創作藝術的極重要里程碑。

法國進香狂潮

　　法國成為香氛的狂熱民族的事實，緣起應該可以一路追溯到凱撒大帝帶來的影響，法國的高盧人祖先延續希臘羅馬帝國時期沉迷於香氛的偏執，是絕對自然的。

　　西元一三七○年，查理五世國王已經開始在早上使用加了迷迭

野生動物殘暴屠殺的事實！

鼎鼎大名的龍涎香（Ambergris）的來源，竟然是抹香鯨腸胃內的油脂狀分泌物，抹香鯨用它來保護胃部，以免被吞下的食物（比如大烏賊的脊椎！）割傷。根據傳說，它的發現，還是人們「無意間」在熱帶的海灘上撿到的！

龍涎香，在三千多年前就是非洲的奢華名產，價格極其昂貴，與黃金及黑奴合為「三大特產」，價格比黑奴還高出許多。世界上曾經發現最大的一塊龍涎香，重量達三百三十六磅！這一大塊巨香在一九一三年於倫敦標售賣出，想像那不菲之價格！

麝香（Musk）呢，還是取材自一種東亞麝香鹿（牠們只存在於喜馬拉雅山、西藏、北中國及西伯利亞地區），這是從麝香鹿直腸內的腺體中刮取出來的紅色、果凍狀分泌物。不過，來源可只限於野生雄鹿！有趣的是，一旦麝香鹿開始豢養，體內的「麝香」便無法分泌；為了保護這些死於「莫名其妙」原因的野生動物之瀕臨滅絕，華盛頓公約禁獵、禁售的保護傘已經張開。

　　動物性的「香味」是如何被發現，而成為香味的另一品種？這問題十足令人好奇，只是，單單就氣味的想像，這氛圍已足以苦惱我們，更別說鼓起想要嗅聞那必然腥羶氣味的勇氣！更難料想，人們對這幾味原始腥味、怪異之「香」的渴求！

　　嗅聞麝香貓的氣味，據說一如排泄物，臭氣只會教人作嘔，但如果調香師運用小量成分得巧，卻能將氣味轉化為催情之香；龍涎香、海狸香，不論如何，數千年來竟然成為人類文明世界中，奢華香氛元素中至至昂貴珍奇的品種！

　　當然，解碼麝香等動物性香味，這箇中令人們高高升起渴望的怪氣味迷人的因素，答案必然在於麝香與男性賀爾蒙的近似；專家推論，人們接近這類香味，源頭就來自這些地區的游牧人，自古游牧民族常有「獸交」行為，這特別氣味因而發現得來。在這樣的解釋下，雖然動物性催情之香與「出處」稍可一解狐疑，可是，抹香鯨腸胃內取出的龍涎香，又是怎麼來的？這些問題的答案，總令人感覺不堪設想。

　　麝香是目前人類所知最最濃烈的氣味，只要0.00000000000003個盎司的「超微量」，我們便能嗅得出；而只需要散發1gm的分量，就可以讓數百萬平方呎的空間（四、五十個足球場）充滿它的氣息！（註17）

　　不過，為Musk的氣味動情的現代人士仍然極多，動物之「香」該不會有從調香譜上消失的可能；所幸，化學家現在已經能夠在實驗室中，製出二十數種合成麝香，以取代動物的來源。

情慾動物

　　曾經在紐約時髦女性的「情慾」祕辛史裡，流傳著一款叫做

「體味」的香水，每盎司要價就要三百美元，據知它的配方，含有令男性聞之立刻產生「血脈賁張」效果的動物性分泌素；有了它，就有如令女性完全配備了催情主導權，「體味」香水，儼然是助長女性主控權的先進武器。

神祕的「體味」香水，配方並不清楚標示，但根據好奇之人刻意的分析，得知其中含有野豬的體味分泌物！原來，誘人的才是那動物性氣味。

「He's such an animal!」每個講美國英語的女人，都知道這句話說的是什麼意思。野獸與動物的腺體分泌物，同樣是類固醇，有著相同的化學結構，或許「體味」香水的催情魔力，就因為它與這些動物腺體分泌物同屬一類。

所有的動物靠著強烈的體味求愛，使異性排卵生殖，為的就是延續自己的基因；也靠著體味的散發，牠們建立影響力，區劃主權範圍，互相比較勢力的高下；嗅覺感知驅動牠們向一切外在發號施令，當然也包括生理機制。

奇異的催情之香，據知對激發女性情慾的影響力是極為明顯的，解讀法國歷史上知名的香氛配方的分析指出，這幾味動物性香氛的地位，總是不可或缺的主角。「麝香，使聞到它的女性產生體內賀爾蒙分泌的改變，按照實驗計畫嗅聞麝香的女性，經期會縮短——排卵更頻繁，並且更容易懷孕。」這是國際香料協會完成的一項實驗所獲得的結論。（註18）

聞嗅的能力，是初生嬰兒辨識自己的母親與她們的乳汁的天生好本事；他們不需要靠著眼睛，就能知道母親不在身邊，嗅不著母親，嬰兒產生渴望、期待、孤獨、沮喪、焦慮、不安騷亂的各種情緒。嗅聞也能夠影響我們的生理運作，這也是芳香療法學理的基礎。

香氛春藥

　　嗅聞花香使我們激動，這是作用在感官、精神、生理上，還有生命能量上的變化；對自己喜歡的氣味，我們只想要一再聞嗅，總覺得就是不能滿足，就是不忍離去。

　　如果我們試著解碼花香神祕的催情效應，花朵是植物的生殖器官，它的氣味，不論幽幽或濃烈，這個香氛精華都不只令我們開啟心扉，還教人也心花怒放；它的氣味是生命力的能量，是青春的激素，是生命的高潮；它點燃啟動再生工程的激情，大張旗鼓的指揮著性愛慾望，讓高昂的生理狀態巧然成軍……。

天使水：危險的誘惑之香

　　十八世紀歐洲貴族社會中的女性，廣泛的運用公開的催情祕方：她們叫它做「天使水」（Angel Water）；配方是，橘子花、玫瑰花各一份與半份桃金孃花（myrtle），再混合麝香與龍涎香，所調製而成的性感「香水」；她們將「天使水」這危

聖塔瑪莉亞諾維拉香水製藥廠古董香氛店Santa Maria Novella (since 1612)L'Officina profumo-farmaceutica di Santa Maria Novella in Firenze（煒捷國際企業提供）

險的誘惑之香灑在胸上，用僅僅遮得住乳頭的馬甲束腰，高高的托起胸部，展示自己的誘人魅力。

訂製專屬古龍水的最新時尚

　　當代時尚前線名流仕女的香氛新歡，就是以橙花油、佛手柑作為主要香氛調製的古龍水，這是芭里夫人（Madame du Barry）的最愛；尋求專人為自己訂製古龍水，是令十八世紀歐洲上流社會人士，包括女王、皇室貴族，當然，還有紈袴子弟，人人趨之若鶩的時髦事兒。

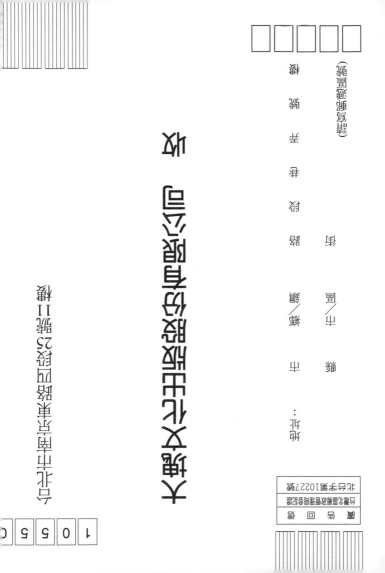

茵
山
外　　**讀 者 服 務 卡**

謝謝您購買本書！

如果您願意收到大塊最新書訊及特惠電子報：

— 請直接上大塊網站 **locus**publishing.com 加入會員，免去郵寄的麻煩！

— 如果您不方便上網，請填寫下表，亦可不定期收到大塊書訊及特價優惠！
　請郵寄或傳眞 +886-2-2545-3927。

— 如果您已是大塊會員，除了變更會員資料外，即不需回函。

— 讀者服務專線：0800-322220；email: locus@locuspublishing.com

姓名：_____　　**性別：**□男　　□女

出生日期：_____年_____月_____日　　**聯絡電話：**_____

E-mail：_____

您所購買的書名：_____

從何處得知本書：1.□書店 2.□網路 3.□大塊電子報 4.□報紙 5.□雜誌
　　　　　　　　　6.□電視 7.□他人推薦 8.□廣播 9.□其他

您對本書的評價：

(請填代號 1.非常滿意 2.滿意 3.普通 4.不滿意 5.非常不滿意)

書名_____　內容_____　封面設計_____　版面編排_____　紙張質感_____

對我們的建議：_____

_____

_____

_____

回春水的祕密

十四世紀末，「匈牙利女王之水」（The Queen of Hungary's Water）的神奇效力，記錄了今日我們通用的含酒精香水的源頭。根據描述，這是運用羅絲瑪麗（Rosemary）、迷迭香的小小花朵，蒸餾後融入酒精，由一位化身為義大利隱士的天使專門為當時的匈牙利皇后所調製，它具有不可思議的回春水效果，使得七十二歲的皇后得以「返老還童」，並且獲得波蘭國王的愛慕繼而求婚，展開了浪漫的第二春。

「回春水」的存在，一向是個神祕的美麗傳奇，有名的貴婦Diane du Poiters據知最懂得香氛術，並且手中祕密握有神奇的「青春露」配方，使她的容貌在五十年之間，從來不曾老化。Madame du Barry是另外一位美人貴婦，百般通曉美容長春術，傳說她也是雇用了香氛化學大師專門為她研擬出常保「青春之泉」的祕方。

騎士之愛與情人香

法國文學家大仲馬以神來之筆，讓騎士之愛唯美的神話了，騎士們愛在劍柄上綁著沾滿「她」的香氣的蝴蝶結，來自他們心目中無上高貴的「女士」是他們存在的精神價值，生命中的榮耀，捨命也必要珍藏；這是英雄與佳人譜出的浪漫唯美的愛情之美的典範，也是騎士精神的理想。這其中，情人之香必然處處施威；大鼻子Cyrano的戲劇，應該是認識這唯美而奇異的騎士之愛的最佳經典。

在伊莉莎白女皇時代，英國女性會將削了皮的蘋果置於腋下，直到它浸滿汗水，再將它小心包裝，送給情人；互換「愛情蘋果」，便是熾熱真情的表達。不禁教人好奇是，嗅聞情人的體味到

底香是不香？累積了許久汗水的「愛情蘋果」，就因為愛戀之情而變成香味？不知是否嗅聞體味就能滿足相思的情慾？

香氛手套與鐵娘子

倡導文學藝術的伊莉莎白一世主政時期的英國，便是莎翁在內的許多文藝家，得以將英國戲劇文化的傳統建立起來的時代；伊莉莎白女王也是香氛迷戀者，她是史上歷代女性香氛信徒之中，最有國家與文化建樹的君主。

自從牛津伯爵贈送女王那一雙知名的龍涎香香氛手套之後，她尤其全面的貫徹了宮廷與全國的「香氛化」行動。為了這「香氛化」行動，伊莉莎白女王二話不說，以身作則；日常，她隨身佩帶可以預防疾病的香袋，連寵物也令之每日要用香水浸沐，以便常保健康。

她不但只穿戴有香氣的斗篷，出門所至，所有公共場所都得先行香氛化，才適合於迎接女王的駕臨；在這個時期，她的朝臣命婦也個個大量使用香水。伊莉莎白女王想必也特為賞識瑞雷爵士所愛用的那味古龍水吧！

女王對香氛的專注，激勵了英格蘭許多調香師，他們得日日不懈的精進技術，調製純香，才能不負期望。英國的香水事業也自此時開始高度的發展。女王必定堅持，在她的世界裡，應該有鋪天蓋地的、全面的「香」，三百六十度全方位的「善」。女性君王治理國家，對較高水平的生活美學與相關的經濟產業的發展，的確助益良多。

比珠寶還貴重的玻璃香水瓶

香味精華既然至為神聖、珍貴，儲存它的器皿，更非華美精緻不可，才可能稱職勝任。在玻璃香水瓶還沒有誕生之前，埃及人用黑木、陶瓷、鮑魚貝殼製作成容器。直到紀元前一六○○年，才有了裝盛香精油的玻璃瓶器；這些玻璃香水瓶因為珍奇，令埃及女性爭相擁有，也因此價格極為不菲，往往連珠寶都比不上它貴重哩！

希臘人呢，喜歡將他們的香芬液體，儲放在特別用鮑魚貝殼與黃金打造而成的長型瓶子中，這些希臘香水瓶還有特別的名字，叫Alabastrums。

自亨利三世以來，法國男性不只愛好化妝、假髮、香水，更盛行配戴各式珠寶、戒指、耳環與手鐲，在他們認真的叮叮噹噹、滿身重複披掛首飾之中，他們囑咐珠寶匠人設計出小空間來，就為的是盛裝香氛精油！

香氛─打開愛情記憶寶盒的鑰匙

「世界上沒有比氣味更容易記憶的事物：只要觸及氣味的引線，回憶就會同時爆發，而複雜的幻影也由深處浮現。」黛安·艾克曼如是說。（註19）

為心愛的女人訂製香水是舊時代傳來的示愛傳統，摩納哥的雷尼爾王子與葛莉絲·凱莉的婚禮，特地請了巴黎的Creed調配了「Fleurissimo」獻給王妃。這個配方的主要成分是：紫羅蘭、夜來香、玫瑰，其中當然不忘珍貴的麝香。

香水、愛情與戰爭

在兩人愛情正濃時，拿破崙來信，預告約瑟芬他旋即於二週後歸來，並且提醒她千萬不可沐浴，好讓他盡情的享受她天然的氣味……。

雖然如此，拿破崙與約瑟芬的愛情故事情節裡，徹底浸潤著濃濃的香氛情事。

拿破崙可以說是個全面的香氛偏執狂，他的意志，只可以說已經等於「古龍水」的氣味；他最鍾情的香味依序是紫羅蘭、橙花與玫瑰，他那知名度極高的奢華作風如下：向義大利調香師一次訂購香水便是一百六十二瓶的數量，另一次紀錄顯示，他向德國科隆的古龍水製坊訂購，要求每日快馬送來六十瓶古龍水，這樣的大手筆，足以令人嘆為觀止吧。

據說，他總是泡澡一樣的將自己泡在大量的古龍水中；這位老兄是怎麼樣也離不開古龍水的！想像他連出征的軍旅途程上，整桶整桶的古龍水得像彈藥庫一樣的優先運來，為統帥將軍小心翼翼的伺候在邊上。

拿破崙也可能只是遵守戰士的傳統：羅馬戰士準備上戰場之前，必要妥善打理香氛儀式，身上的各個部位還要以不同的香精乳液塗抹均勻，才算準備齊全。希臘文化的前身克里特（Crete）文明時期，運動員在比賽之前，必定要在身體上施以香氛精油，這些香氛，想必使人全身警醒而充滿鬥志。

我想像，香氛也必然被認定為是個人的隱形護身符，不在於被自己或敵人辨認，而在於得以透過它，蒙受神祕神靈的加持護佑。

在拿破崙與約瑟芬的戀情開始之初，紫羅蘭（Violet）是兩人的愛情繆思，她在大喜之日，手上捧著的花束就是它，年年結婚紀

念日，皇帝夫婿固定送來的也正是它。

　　約瑟芬去世時與拿破崙已經分手多年，不過這個男人依然願意前去為她上墳；在她墳上也依然選擇種上他偏好的紫羅蘭。就在他潰敗之後，遭到放逐的前夕，他還專程最後一次前去造訪，據說他當時摘下了幾朵墳上綻放的紫羅蘭，藏在銀飾盒中，此後還一直將花置於項鍊盒中貼身攜帶，直到他生命的盡頭。

　　實際上，我們有理由懷疑紫羅蘭應當只是拿破崙自己的那「一品之香」，他在行政徽章上用的是它，他的追隨者也以紫羅蘭作為向他效忠的標誌。而約瑟芬皇后其實是一位注重感官歡愉的品味行家，除了紫羅蘭以外，她應當有著對各種不同香味的個人喜好，紫羅蘭很可能是約瑟芬為求愛於拿破崙必然的迎合：紫羅蘭香是兩人的愛情信物，就在這香氛引爆之中，契合了兩人的心意。

　　拿破崙與約瑟芬離婚後，很快的再娶，結束了一段傳奇性的「浪漫」愛情故事；可能就為了全面改造自己的生命氛圍，也可能在報復的怒氣驅使之下，約瑟芬在她自己的住宅裡，好好的灑了整個房子濃濃的一層麝香洩憤，因為麝香就是拿破崙最不能忍受的氣味；其實，只要微量的麝香，便可以掀起一波氣味的海浪，哀怨又惱怒的約瑟芬，想

必撒下的是一陣大海嘯般的麝香暴浪！那知名經久不散的香，據知在事過境遷之後六十年，還存留在那棟房子裡，就像棄婦的幽怨，繚繞不去。

在香氛發展史的名人錄上，約瑟芬並且對玫瑰花品種的培植特別有貢獻；她在一手開創的茂玫頌（Malmaison）莊園的花園裡，培育了二百五十種之多的玫瑰花，玫瑰花香，應當才是約瑟芬的真愛。

紫羅蘭迷宮

紫羅蘭（Violet）迷惑了古希臘人，使他們選為城市之花。在希臘神話裡，宙斯運用紫羅蘭為贈禮，安撫了為他忌妒的妻子與女神情人們；此後，希臘藥師就以紫羅蘭作為紓緩躁怒、治療不眠的良方。

它是屬於「維納斯女神」管轄之下的植物，十六世紀的人們認為它是治療失眠症、癲癇、關節炎、喉嚨問題的良藥。穆罕默德原來也是摯愛香水之人，他更特別尊崇紫羅蘭，認為它最為卓越，無與倫比。

　　紫羅蘭，令不喜歡它的人感覺甜膩得令人生厭。它含有紫羅蘭酮，能使嗅覺短暫的麻痺，令我們嗅聞紫羅蘭香氣的感官，猶如電流不斷發生短路一般，只能間斷的重複感受香氣；不過，就憑那片段但已濃郁至足夠淹沒了你的甜美香浪，便已是十分強烈的感受。

　　對紫羅蘭香的氣味，莎翁倒是說得妙：「這片刻的芳香和懇求，搶眼，卻非永久；甜美，卻不能持續。」（註20）我們知道維多利亞時代的女性相當注重禮貌，此時的英國仕女，最喜歡用紫羅蘭口香片，好使自己口氣芬香，特別是在酒後。

「浪漫主義」的「清香迷」

　　「浪漫主義」時代視女性之美一如花朵，女性對香氛的追求，才開始了注重能夠呼應如「花」一般的個人氣質；她們偏好淡淡的花朵清香，如茉莉或薰衣草，她們也開始崇尚清純的「自然美」，化妝化得淡了，還講究透露一絲蒼白羸弱，在手中，仕女經常持著一小方香水手帕……，約瑟芬的肖像畫便是這樣的女性美最清晰的典範。

古法提煉的埃及茉莉香

　　直到今日，法國南方普羅旺斯的世界香水製造中心Grasse（註21），依然遵照著古代埃及人採行的方式，提煉茉莉香味精華：依古法，茉莉花與玫瑰同樣都是最宜在清晨摘取；茉莉香是埃及香氛文明主要的符碼之一，而至今，放眼所有花香類的經典名香，埃及依然是茉莉花精油的主要供應源頭，年產八噸以上；埃及另外也輸出天竺葵（Geranium）精油，總輸出佔全球六成，產量最大。

瑪麗皇后的
致命之香

兩百五十年後找回失落的尊嚴

　　奧地利公主瑪麗‧安東尼，在十四歲時便嫁入法國。在她開始以皇后的身分入主凡爾賽宮的時間點，這位當時已成長為俏麗十八歲小女人的年輕皇后，等不及的在宮內發動了兩個氣味的改良，第一，是從英格蘭引進「浴室」設備，凡爾賽宮原先是毫不重視的衛生功能的；年輕的皇后很講究生活與享受，她感受到恢復羅馬、希臘時代的香芬沐浴享受的急迫性是必然的——當時在法國，連皇室貴族都極少有沐浴的習慣！

　　瑪麗‧安東尼為宮中所做第二件大事，就是指派御用的調香主事人花及雍（Jean Louis Fargeon）。當時，貴族愛用的香水，只有尋求調香專人訂製；每個講究的使用者，通常會讓調香達人依循季節的變化為自己變更香氣的配方，就像換上季節性的時裝一樣；瑪麗‧安東尼出生於溫馨和樂的奧地利皇室，是個備受寵愛的么女，從小到大一貫養尊處優；她深深欣賞花及雍的調香才華，迫不及待的要讓花及雍成為御用調香達人，專門為自己設計更多迷人的香精配方，發明更多新的香氛玩意兒，比如手套、化妝品、沐浴用品等，還有花及雍的重要發明：香氛牙刷，好讓高貴的皇室貴族開始有一些口腔衛生！

▶瑪麗‧安東尼皇后，是歐洲當時超奢華的最高祭司，對於香氛、生活逸樂，她向來出手豪奢。（corbis）

瑪麗・安東尼皇后的香宮

　　引領時尚、美麗迷人的瑪麗・安東尼皇后，在當時有個今日人們必須憑著幻想之眼，才有可能見到香氣四溢的宮殿。

　　她嫌棄宮中拘謹的儀節與社交過於無聊，任性的避居在自己的小天地裡，也就是小提安儂宮──亨利十六特別送給她的結婚禮物 The Petite Trianon，每日享受滿池珍貴精華的香芬泡澡，將皮膚洗得如天上仙子般透明，吹彈可破，愛好沐浴使她將自己的身材也維護得十分曼妙。皇后鎮日耗在提安儂宮的小劇場裡票戲，偶爾也喜歡客串一兩個角色，好消磨時間。

　　她欣賞好音樂與藝術；日間，她嬉遊在小宮邊為她興建的小農舍小湖泊之間；夜裡，她最愛派對、面具大舞會與夜行遊走庭園的歡樂。她有一班自己精挑篩選的年輕貴族，形成了她的小社交圈，傳說裡香味四射的他們劇烈的享樂；調情，雖然是當時合於禮貌的上流社會生活習慣，不過也招致她「放蕩」的社會輿論。

她正是歐洲奢華時尚的指標

　　歷史學家與革命家在她的身上貼了「excess、arrogant」的惡名，來描繪她的奢華行徑，強烈對照著她對民間疾苦的漠視。在時裝史上，記錄了皇后頭上高高聳起三呎高的假髮，其上誇張的裝飾了（可笑的）羽毛、蕾絲、花朵，以及她的一切穿著是如何極盡奢華、如何巧於變化。

　　時裝歷史更證明她奢侈的要求裁逢，運用超量的絲綢布料大幅鋪陳為蓬裙，產生更豪華、誇張的設計，還有她揮霍在服裝飾品、香氛極品、生活逸樂享受上的極大手筆。任何人若要認識當時歐洲

皇室的奢華程度，瑪麗‧安東尼皇后就是超奢華的最高祭司。

當時尚女神化身爲牧羊女

　　法國宮廷由於小提安儂宮有個她，得以成為引領歐洲奢華時裝的流行風向球。只要是瑪麗‧安東尼皇后所用，即便是將極她誇張的假髮造型做成天梯，也會有許多急著模仿之人；這些人包括宮廷貴婦社交圈，也包括高級社交花與妓女。

　　一日，她突然興起，熱情的追求「自然風」與鄉間純樸的新鮮感，於是好玩的裝扮成牧羊女；皇后以造型化身，領著她社交圈的貴婦們，一概裝扮成落入凡間的俏皮牧羊女或農家女，嬉玩游盪在小提安儂宮一邊為她特別造的牧場；皇后還持著為自己特調的珍貴香精，為羊兒灑得香氣撲鼻，小農舍（Hameau）的倉庫裡，也因此就儲存了大量的瓶裝香水待用。

　　打扮成牧羊女的宮廷貴婦們，在皇后的領導下，將以豪華絲絨與綢緞縫製的大蓬裙，學著農家女為了「方便走路工作」而向上拉起，拿絲緞帶作了固定好的「抱起裙襬」的模樣；另外，她們再刻意的以色彩凸顯了底下露出來的精美內裙；裙襬向上拉升了，美麗精巧的絲襪與緞料宮廷鞋，趁機也光鮮榮耀的暴露出來。這樣的打扮，便是當時最為前端的流行時?

　　「The Milkmaids」及「Peasant Girl」裝扮，一方面引起熱烈的模仿蔚為時尚，一方面也成為坊間譏諷她的浮華與無知的大題材。瑪麗‧安東尼皇后這番牧羊女裝扮，成為一款時裝故事的典型，所有時裝系的學生都知道。

告密之香

　　一日，花及雍又蒙皇后召見，來到小提安儂宮，皇后領著他在宮內庭園四處走動，感受她摯愛的英國自然風格完美庭園，要花及雍捕捉一份靈感，為它設計特別的香氛配方；完成後，這個香水因此原以提安儂宮命名。

　　花及雍憶及，他曾在皇后被迫逃亡之前晉見，這應該是兩人最後的一面；身為香氛精靈、感應敏銳的他，以皇后那時對這香水的異常反應推估，她的心情必當極為驚惶不安。

　　國王與皇后被迫倉皇逃亡，功敗垂成，被窘迫追捕而至監禁於苦牢，皇后終至四年後被公開行刑的悲慘命運，令人難以想像；許多人認為，國王與皇后偽裝成平民逃亡之失敗，就是因為在皇后準備逃命時，預備了太多的香氛，為了好在途中使用，而引起僕人的密告；然而，許多人相信更可能的是，因為皇后全身顯赫逼人的貴族香氛氣息，所到之處，光憑香氣無言的告密，就必定足以引人側目，透露行蹤。

　　皇后一定失算，不知即使她以穿著偽裝成老百姓，她的香氣──那民間百姓從來不曾嗅聞過的好香味道──就已明白詔告自己身分的不凡；古代社會裡，一個人身上的氣味（是香氛？是汗臭？）明明白白的陳述了他的社會階級；據考，當時的法國，衛生觀念與設備一概欠缺，出了她那香氣四溢

的提安儂宮之外，不論街坊或農村必然都充滿臭味；皇后的戀香之癖，可就是告發她行蹤的最大兇手！

糾結在宮廷之外的惡，卻遠遠超過氣味的令人作嘔，皇后並不真正知情，真正險惡的是局勢：那是對百年來君王的封建統治之無能，所造成的民間疾苦，令人民所激發的敵意；那是民間醞釀推翻帝制、走向法國大革命的時代流變。

代表宮廷皇權的皇帝與皇后，成為農民與革命派的最終敵人、仇恨的出口。瑪麗‧安東尼皇后的生存環境，遭遇了至為殘酷的劇變。

在她歷經了四年之久的囚禁與羞辱之後，皇后在人民的歡呼聲中被推上斷頭台，被革命的暴力完成報復。革命的意旨，撕裂性的徹底殘害了她的肉身，與為人、為母、為妻、為子、為女人、為皇后的所有基本尊嚴；這位一度連思緒都必當充滿香氣的時尚皇后，如何在再也無香、必然惡濁的牢房裡，度過那慘絕人寰的恐怖經歷？

香氛喚醒皇后尊嚴

瑪麗‧安東尼成了法國君權時代最後的皇后，得年僅三十八歲。法國君王統治與奢華褥麗的宮廷文化，隨著路易十六與皇后生命的殞落，一切繁華頓時消逝殆盡；瑪麗‧安東尼的生命與所乘載的美麗靈魂，也如同如夢似幻的香氛，早已化為空無，灰飛湮滅。

追求生命極致的豐富華麗，寄情於宇宙物質的奢華，是瑪麗‧安東尼皇后所犯的最大過錯；以社會政治學家、革命家的嚴峻視角來看，豪華奢侈的罪名，足以使皇后被塑造成歷史的罪人；不忘給她最嚴苛罪名，輿論流言更是惡意攻擊，說她任由宮外的百姓蒼生飢寒交迫，貧病相煎；坊間流傳著她可恨的無知——當知道農人窮得無以為糧，連麵包都沒得吃，她回答道：「何不改食蛋糕？」（當然並非事實）；被革命綁架的皇后，四面八方的被貼上各種「荒誕不仁」的標籤，讓她成為眾矢之的，判給她即使喪命了也無法回贖的滔天大罪。

發現法國自己的「黛安娜王妃」－皇后偶像

現代的史學家幸好並不取信於前揭話源的真實性，雖然歷史的大筆，似乎曾經刻意的略過一切對皇后有利的事實；若從非革命主義的放大鏡來看，皇后其實是人道而有愛心的；例如她收養棄兒，例如她阿護窮困家庭於她的小農舍中休養。

在極具負面的評價流傳了兩百多年後的現代，在一股從法國發起的懷舊風潮之間，自然的匯集了一派為瑪麗‧安東尼皇后「去污名化」的行動力，它悄悄的，但極為堅定的展開。

「回復皇后的尊嚴」的興趣，或許不比人們對她的好奇與仰慕之情來得真實動人。歐美出

版界，以慶祝她的二百五十歲冥誕為名，立意要逐漸為這位生不逢時、死不得其名的風華女性，一層一層的洗滌淨化，寄望為這位迷戀香氣的皇后，至少能夠清理出革命殘暴的潑灑在她身上的污穢物。

令人感動的是，坊間民眾與知識份子有志一同，以行動支持。只要人們以不帶政治偏見的眼光，重新認識這位風華絕代的女性與她戲劇化的生命，他們便能驚訝的發現，法國原來也有自己的「黛安娜王妃」──屬於自己的皇后偶像。

風靡瑪麗‧安東尼皇后，將她偶像化了的一股狂潮匯入，一個個FAN CLUB也快速的形成。瑪麗‧安東尼皇后地下有知必當欣慰，終究在二百多年後，在她的巴黎公寓舊址，出現了大批的花束，人們專程送來歌詠她的紀念物堆積如山。

「皇后香跡」Le Sillage de la Reine（In the Queen's Wake）以價值八千歐元（約當台幣三十三萬元）的高價現身於二十一世紀，限量發行品僅僅供應十瓶，在花及雍的傳記書上市時，已經立刻售罄。

新生代電影導演蘇菲亞‧科波拉（Sofia Coppola）製作的新片《瑪麗‧安東尼》，以punk-rock風格包裝，呼喚年輕人穿過電影，貼近感應美麗的悲劇皇后的生命故事，為那必定依然哀淒的靈魂，提供後代人心感同身受的救贖。

時代的香氣

化身爲氣體狀隱形的珠寶

「古代世界的人既乾淨又芳香，黑暗時期的歐洲人則既髒又無香味，中古時代以後一直到十七世紀末，人們變得是既髒又香，……十九世紀以後的人呢，則是既乾淨卻無香味。」（註22）是歷史、文化、社會環境的氣息？或僅僅是人們身上散發的氣味，構成了時代氣味複方的主調？時代的氣味，可能是香氛，是惡臭，更可能是兩者皆非、曖昧難解的各種氣味。

「哪一位有理智的人，會不讓嗅覺留連於玫瑰與茉莉之間，而寧可讓心靈在塵與煙的惡臭之中奄奄一息？」（註23）十七世紀詩人亞伯拉罕・科里（Abraham Cowley）如此告白。當時的人們，當然可能全面的陷入香氛沉迷症，卻看得出他們必然有依賴香氛的實際必要，才能夠為自己營造一個「除臭的環境」，才能過著精神上如意的文明生活。

令人感到好奇的，的確是在十七、八世紀的時代，大量耽溺於植物香氛、與濃如野獸體味的麝香的法國貴族，雖說人人堪稱是個「香味發射器」，但由於極少沐浴的習慣，他們到底聞來會不會就是豪香與惡臭交配之後的產物？這氣味還挺教人不敢貼近想像的，不是嗎？

管道，向東一路向遠至中國的東方與南洋，求得奇珍異國香料，與一應交換奢華物質的貿易機會，如此累積了許多財富。威尼斯商人或西班牙人、波斯人都在同樣的貿易商機上，招致富可敵國的財富。

展現香氛精油與香料的擁有與使用的奢華手筆，是各個古代文明中，權貴、富裕之人用來表達過人的影響力與雄厚財力的手腕；與其他奢華物質一同，香氛精油與香料的享有，總是權貴之人專享的特權。

除了富貴之人、統治者、掌權者，平民老百姓在封建的古代可沒有享用香精的機會（價格當然不是平民可以負擔得起，但即便是製造者、匠人，在嚴格的社會階層結構下，也不應該逾越，大膽享用），香味因此成為區分社會階級的氣味指標：施用香氛者就代表具有高階級的貴族身分，或至少就是捨得揮霍、花錢如水的富商巨賈。

ecstatic

最愛巴黎香水？

隨著法國大革命的發生，香氛的歷史也產生了它的「工業革命」；製作「香水Perfume」轉變而為工業化、商業化、量產化的程序，而消費的顧客也漸漸的中產階級化了。同時間，店址設在巴黎的「名牌」香水店Haute Parfumerie也就位完成，法國巴黎的「花都」逐漸成為全球香水品牌「最高級」的代名詞。

Jean Patou, Paris 1921, Shalimar, Mitsouko, Jicky, Apres L'Ondee, Chanel N°5（香奈兒5號）──是舉世聞名的巴黎經典之香。

從二十世紀初開始，香水可在實驗室儀器之間純粹運用化學合成的方式，以分子型態製造出來；香氛原料不再來自土地、植物與自然界，反而來自化學實驗室裡的玻璃瓶！換句話說，所有香味、氣味都能人工合成，而過去珍貴材料來源的稀有性也已不復存在。

今日的調香師靠著靈敏的鼻子（專業上他們就叫the Nose），要從為數不下三千種不同的合成香味的「香原素調色盤」中，挑出數十種，創造出新的香水配方。製作香水工業技術的進步，使調香的配方設計可以玩出多達六千種以上的變化，可謂是巨大的隱形創意（香氛配方還有個行家的術語：就叫Jus）。

二十世紀以來的調香趨勢，不再使某一種特別花香成為主角，而是將十數種差異極大的香味，編譜整匯合一，成為一篇篇抽象的香氛交響詩。調香師的工作，也一如作曲家譜寫一首完整的交響樂章，他必須將所挑出來的一群不同的香味，容納各種發出不同音調的樂器的演出一般的，譜成一個調和的整體，達到平衡的狀態。

現代香水的調香師同時要精於計算，一旦從瓶中釋出，乙醛揮發間開始接觸空氣與皮膚的溫度後，香味便將從高音部、中音部到低音階（top note, head note, base note）──現身，如果我們以嗅聞

仔細傾聽，就有機會一個一個氣味的感覺到，辨認出它們的存在；有的香氣消失得早，有的香氣則絲絲縷縷的，縈繞多時。

當香水化身於時尚

香水隨著時尚，開始有了同步的流行趨勢。香水化身而為時尚流行，成了明顯的「流行配件」、「氣體狀的隱形珠寶」。

二十一世紀、新世紀元的香氛意識，從「水」的意象開始，回歸到根本元素的純粹度：水的透明之香、土地的芬芳、風的輕香……它也隨著懷舊的流行趨勢，指導我們重溫童年記憶中美味的香草牛奶糖香味；今年，香味的流行趨勢朝向美食化——我們可以選擇聞起來就是美酒，可以要香檳、甜酒、伏特加或白蘭地——就如Hermes的Parfum des Merveilles。

人們甚至特別歡迎「名氣偶像之香」：J-Lo, Britney, Paris Hilton……，明星、名人紛紛在市場上推出代表自己的氣味香氛，普羅大眾見之於是蜂擁而上，買來將它遍撒全身。

二百億美元市值的夢工廠

在二〇〇四年的一整年之中，光就女性市場，就有一百六十三種之多的新香水，光鮮亮麗的在大筆廣告預算的催生下上市。活躍在地球上的這個香水事業是個全民消費項目，更是個年市價達二百億美元、高利潤的大事業。每一品量產香水的成功，都是在銷售「夢境」的技巧上競爭。消費者的面貌，就是共同消費品牌大廠以美夢之境誘惑，動心購買合成香水的群眾。

我有個覺醒，不論我們是否在「如何為自己挑選香水？」這個

問題上苦惱，我們其實應
該優先決定的是，自己在面對合成香
氛並非「純香精華」這件事所採取的態度；我
呢，已經只願意無條件的，只向純粹的植物、礦物精華投降。

呼喚訂製私人純香的調香達人

　　一行三人，包括「皇后香跡」古董配方的體驗者Emily，依早
就預約訂好了的時程，一起來到調香達人Lyn Harris倫敦的調香坊，
目標是Dora的五十歲生日禮物：訂製她給自己這半世紀長的一生，
最大賀禮的二分之一。（且容我補充，將一段抓狂婚姻終於截止的
這份禮物，是那最大賀禮的另外一半！）Dora需要一份最大賀禮，

那就是允許自己重新開始一場生命宴饗的終極奢華！

終極奢華，莫過於依賴調香達人為我創香！

像古時候皇室貴族（文明人）一樣，為自己訂製純香，是一件多麼奢華的享受！不過，依古法調香畢竟是一門瀕臨滅絕的藝術！

這是一件至為神祕、充滿想像力的私密事！訂製，表示它將就是只有我才擁有的香味，那只為自己的享受而生的「氣體狀的隱形珠寶」!?

向Lyn Harris預定調香的顧客，據說已經排了一年半到兩年，而從第一次諮詢到調香配方完成，還有六個月的「靜待期」要度過。然而不要緊，我們難得擁有的是充滿對未知的期待！對於等待驚奇的出現，我們有的是時間。

Dora早在兩年前就已經開始準備，她的四千英鎊（定價）也趁機在這段期間準備妥當；在這兩年之內，她的確實現了節省的美德；以犧牲十雙Jimmy Choo美鞋（Dora人生的不可或缺）的代價，省下來她需要的四千英鎊，才知道原來這也可以是一番「捨與得」的快樂體驗！她還發現，透過一個為自己訂製香水的期待與準備，她很樂意的進入一個「奢華享受」的「慢食」期。

當然，期待與自己專屬的香氛配方相遇之前，Dora必須做好準備，好充分享受調香達人與自己共同創造香分配方的過程，那程序可不就是豐富自己內視力與視野的大好機會？

如何向調香達人表達自己？溝通一個陌生人的愛惡，她的個性、氣質，她的浪漫、她的夢？那個純粹的、今天的自己的獨特現狀？訂製一個「它」，聞起來該是哪種香味？它可真會一如古人所說、所信，改變了自己的磁場氛圍、重塑了自己的命運？

不過，訂製什麼香氣給自己才是真正「好的」？賞味原則又是如何拿捏？是不是該像一位調香行家說的：「你的它，初聞，應該

是教你驚訝、帶著難以形容的曖昧！你不應當希望它只是有著漂亮的表層，而欠缺美麗的力量」。

我們一致同意，受不了甜膩之香太刻意迎合，不喜歡平鋪直入、就只是耍嫵媚之香，還有不要只像灑了嬌生爽身粉的裝作稚齡無辜，更不想的是聞起來像美食美酒或甜點——即便是巧克力，甚至是松露！——這可是當今的大趨勢，大眾化香水的最流行配方。

當然，如果真想要，為什麼不讓自己聞起來就像魚子醬呢，或……，不過，朝海鮮這個方向調出奢華之香，我們都持反對意見！即使聞起來就是千般可口美味，自己可不打算頂多只像個擺在盤子

上的豪華大餐，就在餐桌上被當作美食供應，立時消費完畢，剩下杯盤狼藉的現場！

「聞起來好吃」的香，我感覺，只適合存在幽默對話的口感中咀嚼。然而我的「它」，幽深、神祕，新鮮卻不必太圓融，它的氣韻綿延至無始無末，在任何場合支持我、陪伴我；它令自己總是不確定是否最愛的就是它，卻知道，再也沒有比它更好的：Dora準備這樣說。

與它的終於「香遇」，相信你應該會挺喜歡它的吧？不，應該說：你應該只能「瘋狂的愛上它」!!

Haute Perfumerie

Creed (since 1760)

38 Avenue Pierre 1er de Serbie
75008,Paris, France
Tel：33(0)1 47 20 58 02
Fax：33(0)1 47 20 71 32
www.parfumscreed.com

創始人：James Henry Creed
創始地：英國

爲了服務尤吉妮皇后而於1854年遷往巴黎，此後落籍而爲巴黎香水名家。家族傳承經營色彩自今維持，現由第六代Olivia Creed 負責掌理。

名流顧客：

維多利亞女皇、賈桂林歐那西斯、雷尼爾親王、瑪丹娜、奈歐密、肯堡

訂製須知：6個月靜待期
定製最小計量：10 liters

經典品：

- Fleurissimo （爲葛莉斯凱莉王妃婚禮所訂製，其中主要成分爲；Tuberose, rose, violet & musk）

Guerlain (since 1828)

La Maison Guerlain

68 avenue des Champs-Elysees,Paris,
France
www.guerlain.com

創始人：Pierre-François Pascal Guerlain
1853年獲頒皇室御用香水名家頭銜。
創始地：巴黎
名流顧客：

英國維多利亞女皇，西班牙伊莎貝拉皇后

經典品：

- Shalimar(1925)
- Jicky (1889)
- Après L'Ondée (1906)夏日狂雨之後
- L'Heure Bleue (1912)
- Mitsouko (1919)

Parfumerie Caron (since 1904)

34 Avenue Montaigne 75008,Paris,France
Tel：33 (0)1 47 23 40 82
www.parfumscaron.com

創始人：

Ernest DALTROFF
Félicie WANPOUILLE

創始地： 巴黎

由Baccarat 打造的水晶香水之泉，是店中的傳奇焦點。

經典品：

- Tabac Blond in 1919
- Fleurs de Rocaille
- Narcisse Noir (Black Narcissus) 啓發了一部小說與一部電影。

Santa Maria Novella (since 1612)

L'Officina profumo-farmaceutica di Santa Maria Novella in Firenze

Via della Scala, 16 Firenze, Italy

Tel：055 216276

Fax：055 288658

www.smnovella.it

現存歷史最悠久的古董香氛名家，充分代表佛羅倫斯的歷史精神。 整家店有如是一個骨董寶盒，內中藏了許多古來就有的珍奇香芬骨董配方。

創始年代：1612

創始人：Angiolo Marchissi（多米尼甘教會修士）

創始地：佛羅倫斯

名流顧客：

法國皇室亨利二世的皇后、卡瑟琳美迪奇、伊麗莎白二世皇后、Katherine Zeta Jones、Sarah 芙革森

經典品：

- Acqua di Santa Maria Novella
- 鳶尾花香粉

Parfumerie Coty (since 1900)

創始人：Francois Coty

創始地：巴黎

香味經典

Joy of Jean Patou

創始地：巴黎

調香創作人：Henri Almeras

時代：1930（大蕭條時代）

珍貴成份：茉莉花、玫瑰

獨特之處：

- Jean Patou象徵幽默、高雅的香氛珍寶。
- 被美名爲「全世界最貴的香水」，因爲堅持使用珍貴純香，每一盎斯Joy 需要萃取自10,600朵茉莉花、96朵五月玫瑰。
- 大約售價：Perfume 35ml＝210英鎊，15m ＝134英鎊

Arpege of Lanvin

創始地：巴黎

典故：Jeanne Lanvin 創辦人爲了慶祝音樂家女兒30歲生日，而請專人創香，希望成爲代表品牌的經典香水。

時代：1927 (大蕭條時代)

獨特之處：配方含超過60 種香味

Fracas Perfume of Robert Piguet

創始地：巴黎

時代：1948

獨特之處：

- 重新發行 (1998)，售價$85(3.5oz)，價格公道。
- 新時代名流顧客，都是閃亮流行巨星，如：Madonna、Kim Basinger、Martha Stewart 、Courtney Love等等。
- 珍貴成份：含白色香花精華如：康乃馨、夜來香、茉莉、橙花、以及粉紅天竺葵。

Vallee des Rois,
(Valley of the Kings)

創始地：埃及開羅

調香創作人：Khan Al Khalili souk

時代：1980末期

典故：此骨董配方九成依照埃及古法調製，採用極珍貴成分。

Chanel N°5香奈兒5號

調香創作人：Ernest Beaux(俄國末代沙皇的調香師，據知爲香奈兒女士彼時的情人)

時代：1921

珍貴成分：Chanel N°5令聞嗅的人產生多達12種以上的香味印象，這其中包括了茉莉、玫瑰、鈴蘭、西洋杉、香草、琥珀，到動物的麝香貓、麝香露等等。

典故：這無價配方的成形，竟是一個美麗的意外！

獨特之處：

- 經典的香奈兒的「5號」，在1921年誕生，展開了它近90年來，每55秒售出一瓶的銷售奇蹟，它被視爲「香水第一名」，至今（2004） 身段依然。
- Chanel N°5是瑪麗連夢露上床時，唯一穿上身的東西。
- 妮可基嫚代言的3分鐘廣告片，耗費巨資一千八百萬英鎊！(名導 Baz Luhrmann 拍攝)

Chypre by Coty

時代：1901

典故：Chypre希臘愛神阿芙黛的出生地

Mitsouko by Guerlain

時代：1919

典故：爲慶祝第一次世界大戰結束而設計，以日文「祕辛」爲名。

Origan by Coty

時代：1905

珍貴成分：紫蘿蘭、鳶尾花

Parfums de Nicolai

調香創作人：Guerlain 創辦人之孫女

時代：1927

珍貴成分：Yes！

獨特之處：

- 物超所值！
- 50ml 香水，£38.50/ 瓶

訂製香氛創作達人推薦

Lyn Harris

Miller Harris Perfumer

www.millerharris.com

21 Bruton Street, Mayfair, London W1J 6QD

Tel：44 (0) 20 7629 7750

Fax：44 (0) 20 7629 7751

旗艦店內設有香氛精華圖書館，提供多款珍貴的純香精華，供諮詢時細細聞香體驗。

預約：nottinghillstore@millerharris.com

Tel：44 (0) 20 7221 1545

Fax：44 (0) 20 7221 4370

養成訓練在法國噶司 Grasse，持有聞香人（nose）資歷認證。

僅限預約：預約等候期，一年半。

靜候期：2至 6個月

訂製收費：£4,000/ 一個個人專屬配方（術語稱：Jus）

Roja Dove

Roja Dove Haute Parfumerie

店址設於 Harrods 百貨公司Hammer's Urban Spa

Tel：44 (0) 20 7221 1545

Fax：44 (0) 20 7221 4370

養成訓練：Guerlain

訂製收費：£20,000/ 各人獨享配方（含3次諮詢 — 每次約1又1/2 小時）

顧客諮詢收費：£200/ 半小時(發現自己最喜

愛之香，必要取得的專家協助，由 Dove 親自提供服務)

獨特之處：

店中以René Lalique 設計之原件，例 如 Lalique Cacus骨董茶几等的奢華環境，款待諮詢顧客。

Lorenzo Villoresi (b. 1956)

Via de' Bardi ，Florence

佛羅倫斯香氛藝術學院由Lorenzo Villoresi 主持（Accademia dell' Arte del Profumo — the academy of perfumery arts ）

訂製諮詢收費：600-750歐元/ 2- 3小時

■ 由Villoresi 親自提供服務，配方設計完成後，顧客享有一套個人檔案與個人配方管理，可隨時增訂新鮮製好的補給品。

■ 香水製作費依使用材料，與所選擇之瓶子另計；訂製顧客通常一次定量是100mL (3,4 Fl.oz.) 。

其他值得感興趣的知名調香師

Jean-Claude Ellena

現任Herms 的（鼻子）專屬調香師

Jean F. LaPorte

主持：Maitre Parfumeur et Gantier(使命重現法國17世紀香水沙龍風華)

Guy Robert

主持： Amouage

www.amouage.com

曾任Hermes, Dior, Rochas調香師

Sylvie Jourdet —
Ma?tre-Parfumeur Cr?ateur at
Creassence,

賞味須知

Perfume香水

定義上，它是純香精含量佔酒精濃度之20%
到25%的香氛液體，乙醛是使香精均勻融入
的媒介；接觸氧氣後再以霧氣狀蒸發。

Eau de Parfum

是約含5%到10%香精的「香水」

Eau de Cologne古龍水

是含了3%到5%小量香氛精華的「香水」，是
「香水」的各形式中，純香精成分最輕微
者。原來是起始於義大利配方，卻以在德國
科隆製造而成名。古龍水也是後代「香水」
的前身。

■ Eau de Toilette 內涵的50%的香精，在噴出後的
15-20 分中內揮發完畢，至消失殆盡通常是數
小時之內的事。

■ Perfume 內50%的香精可以維持至24小時。

■ 專家認為兩者都同時使用，可以獲得最好
效果，香味持久性高，用量也經濟。

純玫瑰精油

■ 一位阿拉伯醫生（身兼調香化學師）發明
了以蒸餾程序，在玫瑰花瓣中提取玫瑰精
油的作法，這個技法約莫在11世紀左右，
歐洲仍處在黑暗時期時已產生；是沿用至
今的古法。

■ 萃取上乘玫瑰精油，是個分毫都要計較的
大事，因為在10公斤的玫瑰花之中，只能
萃取得1公克份量的精油，可見珍貴；1公
斤＝8,000至10,000美元。

現代純玫瑰精油的主要來源：保加利亞、
沙烏地阿拉伯、伊朗、土耳其、俄羅斯、
中國、印度與摩洛哥。

保加利亞純玫瑰精油

保加利亞是今日上等玫瑰精油極品的供應中
心，它已經培育了三百年之久的Damascena
品種，誇稱是當今提取完美玫瑰精油的最佳
品種。

也因為它的珍貴，在保加利亞，經過官方品
質認證的玫瑰精油，是像一國貨幣或一如黃
金一般，存放在「中央銀行」來的；同樣的
珍貴原則，使得玫瑰精油(偽鈔)仿品與劣級
品在市場上，相對的活躍。

玫瑰露

將玫瑰花瓣以蒸餾法提煉出純玫瑰的精油，

再以少量精油濃度融入於蒸餾水之後完成。

Rose-festival.com

保加利亞玫瑰祭 Bulgarian Rose Festival，在每年六月的第一個星期日舉辦，這個日期，正是每年保加利亞玫瑰山谷，每年採收玫瑰的完美時令。

純香精華最佳來源

植物	產地
Tuberoses	India
Violets	Parma
Iris	Florence
Violet leaf	France
Orange flower	Tunisia
Sandalwood	India
Jasmine	Egypt

香氛時尚圈

Armani 限量高價位香水

The Armani Priv   collection
每瓶售價：£120
購買只限於Giorgio Armani's倫敦Sloane Street、米蘭、巴黎旗艦店以及Harrods百貨專櫃。

Tom Ford的第一份香水於2006年秋季上市！

Black Orchid香水（黑藍花）

（p.s. Tom Ford Private Blend將在2007年春季推出一組12味中性香水，買家為自己調配。）

調香體驗課程（初學者）

L'Artisan Parfumeur
2, rue de l'Amiral de Coligny 75001 PARIS
Tel：33 (0) 1 44 88 27 50
Fax：33 (0) 1 44 88 27 54
boutique@laboutiquedelartisanparfumeur.com
€ 95 /一堂（約8-12名學生）La Grande Boutique

CHOCOLATE

「喔！神聖美妙的巧克力！我們跪下來研磨你，

巧克力

嚐嚐天堂的滋味！

「用禱告的雙手攪拌你，在飲用你時，我們仿如看到了天堂。」—— Marco Antonio Orellana

盡情享受巧克力派對

—— 在巧克力的故事開始之前

你不可以不知道這一季或下一季度的時裝流行色澤或圖樣，倒不一定是為了要一味的追求它，重要的是為了幫助自己決定：是要融入它，或是與它保持什麼樣的「舒適距離」——這一向是我以為最聰明的時尚態度：我們要懂得為自己挑選，不只是要吸收消化那些誘人美麗的樣貌，還得有自己獨到的取捨；不瞞你說，面對時尚，我認為這是最實用的時尚法則。

然而，面對這一派美食巧克力的迷戀潮流，你我同樣只想像飛蛾一般，撲向火焰！再也沒有任何理由要耍cool，再也找不到與它保持距離或故作矜持的藉口，只想快快的投入這個誘人的味蕾享受盛宴。

小小的頂級名家手工巧克力屋（chocolatier），開在巴黎、倫敦、東京、紐約時尚首都中，最最時尚的名牌名店街上，就傍著LV、Hermes時尚大名牌，雖則它們低調的存在著，你卻不會願意錯過那任何一家小小美味魔坊的誘惑；巴黎的名家巧克力店Maison de Chocolat與Jean Paul Hevin更沒錯過東京表參道、六本木小丘這樣高檔次時尚購物中心的可能；它們小則小矣，在許多人的眼裡，可比任何一家紅牌時裝店都還要美豔可觀，比任何一家名貴珠寶店姿態都還要來得更高貴誘人！

東京「H」（Le Chocolat de H）的店址門口，就永遠長長的排著引領渴望搶購的人潮；或許為了充分融入這份法國專門甜點廚藝的風格，前來等著巧克力「寵幸」的女仕、先生們都是一律名牌裝扮，除了典雅的Chanel、Valentino、甜美

的Louis Vuitton、人文氣的Hermes或Armani之外，穿著很cool的Yojhi Yamamoto、華麗狂野的Cavalli、還有嬉鬧搞怪的Hip Hopper族類，等於就是個即興的時裝櫥窗。

激情消費巧克力的現象，只能說是一種文化復興！三千年前，驟然消失的中美洲馬雅文明，早就有著沉醉於巧克力飲品的皇室與貴族（不過只限於男人才能食用）；這為巧克力而著迷之事，是個自古以來，懂得享受天地萬物之奢華者，早就建立起來的豐盛文化。

在頂尖名牌、高檔時尚匯聚的都會聚落中，獨樹一幟開張小小而隱密的巧克力Lounge或Bar，並非東京首創。流連在總是特別美麗迷人的巧克力沙龍（Chocolate Salon）裡的女孩，似乎總比男孩來得多；許多饕客已經學會，點選這份精緻的巧克力菜單，也可以是番想像上的享受。

這些新鮮手工巧克力，有各種口味（品種）與純度，還有獨門調味的配方：摻入胡椒、海鹽、辣椒等等的還正是流行，當然還有奇異口味的各色美妙巧克力小點。有較不甜的與很不甜的巧克力，各又有不同的飲品推薦搭配。飲品呢？又有含酒精的與沒含酒精的，有茶、咖啡……各有完美的品味訣竅。你很容易會發現，每個人對著MENU時都特別專心，因為這個即將溶化自己的心的美味之旅，充滿冒險，正確的選擇絕對必要。

以巧克力為主題，配著爵士樂DJ的Lounge Bar裡面，擠滿了放縱宴享著巧克力的時尚人物，放眼望去人人都是陶醉忘情的模樣。隔著大玻璃窗望向一對對、一群群溶化在巧克力歡愉中的情男慾女，才發覺置身於外的觀者，不論對巧克力神祕的好奇是否的確有理，就只能不由自己的變成個標準偷窺狂。

在吧台邊的那兩位並不年輕的男女，看起來還互相很陌生，似乎在透過巧克力的暖身之後，開始凝聚了輕鬆的浪漫氣氛。推想他們應該可以在巧克力的媒介之下，歡欣快樂的開始一番深度交往吧!?

時尚首都正悄悄的全面開展著一場蔓延無限、歡享美味的奢華流水席，暢飲著圍繞著巧克力的一切幸福，享受立即化入心頭的甜蜜歡愉……。

迷戀頂級巧克力

時尚乘以巧克力的魅力指數

這幾年只要去東京，旅行的情緒總是為了H（阿須）而超級興奮！「H」，就是那家小小的達人巧克力店，叫作Le Chocolat de H。早在LV尚未在翻新的「六本木小丘」開出超級旗艦來之前，可愛的「H」就已經以它獨特的隱密氣質，藏身在紅牌時尚名店之間，低調的在六本木小丘時尚商圈，成為最性感可口的風格、東京（或說日本更恰當）生活饕客們小心翼翼珍藏的美味體驗。

愛吃、挑吃、懂得吃上好的巧克力已成為當代時尚──這個現象倒也不是首次在人類文明史上發生，屢試不爽的是，為巧克力著迷，卻是一個任何人都不願意缺席的時尚運動。

走進「H」的店址，前方那個必然存在、排隊等候的優雅隊伍，總是每一次要教人驚訝於這些時裝講究人士在等待入店前的神閒氣定！他們的傾心期待是明顯的，然而除了期待的專注之外，我卻見不著任何焦慮、絲毫的不悅，彷彿，只有在這樣的虛心恭候之下，終於如意獲得了渴望中的「H」巧克力珍寶，才是應當的步驟！

為了這迷人的巧克力，一向懊惱於排隊的我，也奮勇的投入這個行列。

東京 Le Chocolat de H 店

才進得店內，當選買美味的巧克力的珍貴時刻來到之際，看著前頭穿著Chole小黑洋裝單身前來的高跟鞋女孩，在包裝了三層一盒共三盒，與盛裝在珠寶盒般美麗的單顆Truffle（松露）共六小盒之後，還不甘心又回頭增加了四小盒！算算Chole女孩方才的花費，大約花掉了至少兩雙MiuMiu鞋。

巧克力達人的偏執美學

在那小小的巧克力沙龍裡，你所點的新鮮巧克力是極其美麗的，被戴著白手套的手，像對待寶石、選美一般，用心的取出，再小心盛裝入盒。辻口博啓的「H」值得激賞，為了讓我們體驗巧克力的最高級境界，他貫徹了絕對必要的各種賞味美學與策略；很明顯的，巧克力達人的唯一態度，就是非要為純粹之美而徹底偏執不可！

那小小的巧克力選樣檯，在夏日裡，同一時間不能有超過四位客人的存在，除了空間太小不容許之外，還特別要考慮的是，人的

身體所帶進來的溫度，會改變巧克力的最佳賞
味品質，這真是好細微的大問題！

正當我總算可以站在沙龍之內，對著
每個不同樣子的巧克力口味意亂情迷，
自知貪吃的狼狽相原形畢露、渴求的卑
微模樣兒表露無遺、完全失去選擇與
決定能力之際，只能勉強安慰自己：
其實面對超凡美味，每個人都一樣，
都會瞬間變成只想快快將糖果塞入嘴
裡、就是停不下手的任性兒童！

「H」巧克力服務人員的精神是能夠耐
煩的，她們體貼的為每位顧客深入著想，讓他
們有充裕時間挑選想要的口味；即便我是她們當
日所見到的第一○八個典型「H」巧克力迷——如果症
狀沒有更嚴重的話——同樣只要選擇了一個口味，就覺得對不
起沒選上的另一種口味，對著內心經歷天人交戰
的顧客，她們會以完全的了解與耐心，提供抉擇
的空間與協助。

說來，我還是偏愛尺寸小小、神祕的黑棕
色盒子，就在那小小神祕的黑盒子裡，裝盛了
滿足口慾與靈魂的珍寶，誰敢說這不是一
個人所能獲得的最奢侈寶貝？「H」尤
其令人珍愛的，是那猶如盛裝寶石戒
指，一盒裝了只一顆黑鑽石般的
Truffle Noir（黑松露），多麼的高傲不
凡，多麼的「名貴出眾」！

Le Chocolat de H 提供

溫度決定美味的程度

　　千萬別驚訝，如果「H」的服務人員問起：您預計多久返回住家或旅館？如果在街上逛逛，還會停留多久？──首次光顧的顧客，必定會給這種只有蹩腳偵探社才會問的問題弄糊塗了──這其實就是為了準備適當分量的小冰袋（以時間 ×分量計算），安置在你用心採購的一整疊裝著巧克力「珍寶」的小盒子之間，好讓這些人間美味在出了「H」的店之後，不會因為失去低溫度的呵護而融化，折損了它的美味與香氣；因為不當溫度產生質變的巧克力，可真是慘不忍睹得教人心碎。

　　這微小的大事是千萬馬虎不得的，也只有靠著對完美徹底偏執的「H」，才堅持為顧客做這番著想（美食巧克力饕客們請注意，不要因為你的巧克力在室溫下沒有化去變形而得意慶幸，這其中是大有學問的，因為只有加了凝固劑的巧克力，才能在室溫中不化；想

知道凝固劑的成分？我只能說，它絕對不是對頂級巧克力情有獨鍾的饕客，或是任何人的健康所能夠容忍的！）

時尚的巧克力激情

在巴黎，為消費高檔時裝必訪的奢華名牌小街Saint Honore de Folburge上，你不會錯過那一家家小小的巧克力美味磨坊，在時尚大師亞曼尼的Armani Casa，亞曼尼巧克力（Armani Dolci）的魅力過人！比起它冷靜脫俗的時裝風韻，亞曼尼巧克力比什麼不朽時裝風格都來得俏皮迷人。

著名的時裝設計師Karl Lagerfeld，其實是個不折不扣的巧克力迷戀者。

與頂級巧克力開始產生糾纏不清的迷戀情愫之事，似乎總是不能不與消費頂極時尚的體驗黏著在一起，各自的賞味體驗才得以完全入味！「時尚」乘以「巧克力」的魅力指數，原來是數學、物理與化學課本從來不會發現或是可能提供任何協助，以便我們計算清楚的程式。

我相信這個方程式的力量！如果能將它核子能般爆發的效力仔細計算得清楚——像愛因斯坦這樣的天才應該就能辦得到——很難估計，它對這世界將能造成的改變會有多大；因此有請各位，千萬必須高估「時尚乘以巧克力」所引導出的巨大誘人魅力。

古上流階級的
泡沫奢華

新鮮可可飲與巧克力冰

歷史上曾經記錄「巧克力狂」的各種樣貌，他們對巧克力的渴求與嗜吃的習性，約莫只有與「上了癮的毒蟲」相仿，同樣的身不由己，這也才得以恰當形容那種癮頭；不過，嗜吃巧克力──可只有上等的才算數──畢竟一向是風雅的高尚事，專屬於社會菁英；在這一點上，我們不能含糊，並就應當大書特書一番，期盼可以為巧克力癡迷人士，洗刷過去狼狽不堪的形象。

原來這是一場高貴的豔遇

話說，一五○二年當哥倫布在第四次（也是最後一次）的新大陸探險航程中，擄獲了所遇上的一艘馬雅商人的商船，在船上，他們發現可可豆的存在。當時他所見到的這項珍品，應該就是高價值的瓜那哈（Guanaja）可可豆，可惜的是，在這個歐洲人與可可豆初次相遇的紀錄（由哥倫布的二兒子斐迪南執筆）上顯示，他們其實

▶從古至今，可可豆製成的巧克力是人類精緻生活中不可或缺之物。（達志影像）

完全不知道，原來他們錯過了一場「高貴的」豔遇！

哥倫布有所不知，當時眼前這一堆堆不起眼的棕黑色小豆子，就是被墨西哥附近的熱帶雨林地區建立赫赫帝國的馬雅古文明，神化而為「諸神的美食」的高貴聖物（註24）：馬雅人研磨可可豆成粉末，作成冷飲料，崇敬這可可飲是「天神賜予」不凡之人的高貴飲品；在古馬雅社會中，這可可飲品可是只有帝王與宮廷貴族、祭師與將領，才有資格飲用的天堂美食，一般人喝了是要受譴責的──那是，如果沒就病死的話；女人呢，更是被排除在這個高貴的享受之外！

在馬雅人的社會中，可可豆不僅是具有經濟性與美食性價值的國寶級珍品，在所有宗嗣與邦國祭典中，巧克力的身分，尤其富有更高貴深遠的象徵性意義。

可可亞歷史的起源，至少就可以回溯三千年前，也就是中美洲文明的起始；據考證，馬雅文化的祖先（the Olmec）應該就是

最早懂得種植可可樹的民族；「CaCao」這個字，是馬雅印第安人稱呼可可樹的名字（雖然發音在那個古代是KaKaWa）。而諸神的美食Theobroma（Food of Gods），則是後來歐洲人以希臘文為之命名的可可樹學名。

巧克力並不像印第安人的玉米，不是吃飽肚子用的主食，食物經濟學家普遍認為：它是有餘裕享受，也就是在溫飽、居所都已富足的文化中，才有存在的可能，因此它也是民生基礎之外的奢侈品。

就愛泡沫奢華

我們來看看「可可」的馬雅象形文字！（註25，見下圖）

巧克力Chocolate，這個名稱的來源，應該是Xocolati，古馬雅印第安人以cho-co-la-ti的發音稱呼他們那奢華尊貴的飲料——choco就是泡沫，lati就是水，它那古代的名稱告訴我們，原來「巧克力」就是有著許多泡沫、摻了水調好的可可亞粉末。

馬雅上流階級的生活真奢華！懂得享受的貴族，要求新鮮、細綿的泡沫巧克力現做現喝。他們還喜歡在濃稠如蜂蜜膏的巧克力飲裡面，摻了香草與辣椒粉冷著喝。在新鮮巧克力飲的製程上，泡沫就是一切的焦點；泡沫代表新鮮，泡沫就是奢華美味。

未曾調味的巧克力真真是苦澀難以入口，古馬雅人必定擁有最菁英的廚師，擅長為尊貴之人設計出不同口味的個人食譜，也製定設計出將液體巧克力倒來倒去，好產生細綿的口感與醉人的泡泡的方式；泡沫的品質，正是馬雅人與後來延續可可文化的阿茲特克人，飲用巧克力時，所要求的最高境界！而後來令歐洲貴族狂愛的，也正是這厚厚一層浮在巧克力飲上的「泡沫」。

上流社會的生活崇尚

　　看著一幅拓自馬雅文化古典時期、容器上描繪的圖案（註26），一名盛裝的仕女，穿著迷人的禮服，配戴著絢麗的各種首飾，正以優雅的姿態將裝了巧克力飲的小甕，從高高的角度倒進地上的大甕子裡。在盛會上，她就這樣小心翼翼的倒來倒去，應該是為了讓巧克力飲達到足夠的攪拌量，並且產生可口新鮮的泡沫效果；她聚精會神地準備著的，必然是為了達到懂得賞味巧克力的祭師與皇室、貴族們歡欣暢飲所要求的美味。從這準備的程序，便可以洞見巧克力在正式場合中代表的最高奢華。

　　另外引人入勝的，是記錄下暢飲巧克力美味之前，周詳的準備行動這個景象背後的意涵；想必，在相當程度上，在一個盛會之中，由具有相當重要身分的仕女，當著賓主的面完成準備新鮮可可飲的工作，是個具有高度的儀式重心，也極可能是一項高貴的社交儀節，這也是一個社會具有高度精緻文明的表現。

　　劇場設計訓練，使我對古今時代服飾、生活、用物、習俗與一應偏好，總有著無限的興趣，令我更感到有意思的，終究還是從這圖像中觀出的知識，這其中豐富的知識，涵蓋了人物的身分、舉止、特質、相互的關係，與所使用的器物設計，以及穿著衣飾的設

計與可能的製作技術。

綜合觀察、欣賞當時的衣著時尚，畫中人所從事的行為，與繪製圖像的手法，令我一次又一次的驚嘆，這印第安古文明的精采與其絕不粗糙之生活品質；難怪對巧克力這項「靈魂食物」的迷戀，會在馬雅文化中具有極其崇高的地位。

重度上癮的皇帝—蒙提祖瑪二世

在古馬雅文明奇異的消失之後，掌握統治權，繼續地將巧克力神聖化了的阿茲特克人，更大量食用可可。阿茲特克族就有個末代皇帝蒙提祖瑪二世（1480-1520），為巧克力重度上癮！

阿茲特克人特別喜歡在他們的可可飲料中，摻入辣椒、番茄、香草豆等香料，皇帝的巧克力大廚在將它濃濃的打出泡沫來後，還要特別將它盛入金質高腳杯裡，才可以供奉給皇帝；蒙提祖瑪二世的戰將與廷臣，在出征前，據說一天就要消耗掉兩千大罐的巧克力飲。

所幸皇帝懂得累積資糧，他的皇家寶庫裡，存了有「精算起來」總共近十億顆以上的可可豆（這的確是筆極大的財富），因此供應「無限暢飲」是保證充裕的；有為的帝王若能得天獨厚的掌控可可的供應，就有了「諸神」的神聖祝福，保障了威權的權柄。

蒙提祖瑪二世還最愛吃「巧克力冰」，那御用的可可廚子，可就要銜命派出專門的跑腿大隊，自高山地區大隊接力的運回雪冰的「跑者」，必得個個是了不起的飛毛腿，才能趁著雪冰尚沒化完之前返回，火速將可可倒在冰砂上做好，再飛奔而來，端上獻給皇帝，讓聖上速速給食用了。

嗜吃巧克力是個奢華的習性，可可飲料與酒，同屬阿茲特克貴

族生活中最重要的飲料。酒可以令人醉，巧克力則足以令人迷戀上癮！以軍事戰績立國的阿茲特克，必須透過法律嚴格約束巧克力的食用與一應享樂奢華的尺度想像，必有原因。

　　阿茲特克人以「善戰的征服者」之名，奪取了統治權，勇猛的戰將在出征期間，尚且記錄了軍醫在可可飲中，摻入「先人骨灰」供病患飲用，作為治療痢疾的特效藥；醫療藥效也是日後令歐洲人熱中於巧克力的因素。

慶賀盛事只有「Chokolaj巧克來也」！

　　古埃及皇后海絲祖（Hatshepsut）在三千年前，迷上了稀奇的乳香（frankincense），於是她派遣了探險大隊一路向阿拉伯挺進，追尋不懈；終至在今日的葉門地區尋得乳香樹的最佳源地。這個事件至關重要，因此邦國造了金字塔大廟，紀念皇后促使發現「乳香聖物」的偉大功績。

可可的
流金歲月

是歐洲征服了它？還是它征服了歐洲？

可可豆長期以來一直是整個中美洲地區最重要的經濟來源，因為它是高貴的統治者要求人民上繳、等同於今日我們支付的稅賦的作物；自然的，這些豆子也就成為當地流通的有價貨幣；這是在西班牙人入侵之前的事實。

「可可錢」的計算單位，甚至還是以「顆」為基礎，而不是以重量或體積來計算！可見它的珍貴本質。也因此，像任何有價貨幣一樣，當時還有「贗品可可豆」，偽造巧克力豆的出現！拿黏土仿冒，製造出假可可豆的情節時有所聞──當時的不肖商人與今日的操作手法竟也相同！

在西班牙上流社會開始狂熱享受巧克力飲之前，十六世紀初，西班牙海外征服者Don Cortez初初發現了可可豆時，其實與哥倫布一樣，竟然對那看來就像「羊屎」的東西絲毫不為所動！再則，還因為他學著印第安貴族，試飲可可這據說是迷人美味的第一次，教他大為失望──只覺得它既苦又澀又酸，難以入口，更別說想像這個「聖物」竟然值錢！

不過，精明的西班牙人很快的發現了，這些可可豆還真有不下於黃金的價值，據當時他們留下來的紀錄，買隻兔子當晚餐要四個

▶ Jean-Etienne Liotard的有名畫作「巧克力美人」，畫中穿著十七世紀服裝的女子，據說後來成為奧地利王妃。（corbis）

可可豆，十個可可豆可以買到娼妓的一次服務，一百個可可豆，就能夠買一個奴隸！

就因為可可豆形同貨幣，種可可樹生產可可豆，不就像在熱帶雨林野地上，種植了一大批印鈔機嗎？（這可能就是「搖錢樹」最好的詞彙起源了！）令西班牙人立刻開闢起可可樹農場的動機，因此毫不含糊。

接下來，西班牙可可豆貿易商可開始要動些腦筋，在國內與歐洲宮廷裡建立起喝巧克力的嗜好。

蒙提祖瑪在後宮有多至六百名的后妃，為了對眾多妻子寵幸得當，他十分仰賴尊貴的可可飲，而且每日必飲五十杯有著新鮮泡沫的可可飲品。這個資訊應該給了西班牙貿易商大量銷售可可至國內的極佳靈感；推估，「春藥效應」必是可可飲行銷歐洲貴族社會，最為奏效的行銷賣點。

為催情效應集體上癮

文藝復興時期的植物學權威，西班牙人Francisco Hernandez，也身兼西班牙皇室御醫與博物學家（他所服侍的君王菲力普二世，是位知名的不開心國王），他在分析可可效應的著作文獻上，表示堅信這個異國美食是能夠提高性慾的；這也使得巧克力的知名度，在歐洲與「催情」一事，從來就顯得密不可分。想像這個效力因素，應該足以解釋關於十六、七世紀，可可從西班牙登陸歐洲之後，貴族社會不論男女，大批迷戀上巧克力的一切原因。

透過皇室的激情歡享，瞬間西班牙貴族社會立即掀起一股著魔般的狂潮，雖然西班牙企圖壟斷這項物資的作為，約莫持續了一個世紀之久，這項來自「原始的異國文明」奢侈品，依然在歐洲各國陸續造就了大批迷戀巧克力的崇拜者；這真的只能說，是意外發生了一個為巧克力「集體上癮」的現象。

史料裡曾如此記載：巧克力使西班牙淑女深深著迷，每天食用數次也仍然難以滿足，名門淑女連上教堂時都還忍不住想要將它一起帶去……，這可就是被後人傳頌不已的巧克力「迷藥」效應？

凡爾賽宮的可可時尚

據推論，巧克力開始進到法國上層社會的時機，是透過具有傳教士身分的醫師，以治療憂鬱症良藥的身分出現的。

十七世紀之初，西班牙皇室的安妮公主（菲力普二世之女），在被許配給法國的路易十三時，為法國皇室帶來了巧克力當作嫁妝，這神祕奇妙的巧克力就裝在一個特別訂製的華麗精緻盒子中；此時巧克力的美食身分，在法國，尚且不及於它被多方讚譽的醫療

每日與妻子做愛兩次，便是因為對巧克力深度
上了癮而擁有這般超能力？

　　十三歲就當上國王的路易十五（主掌十八
世紀法國的香氛朝廷），一生有多位知名的情
人；其一的龐必杜夫人，據知一向依賴調入龍
涎香的巧克力，來幫助她激發官能之樂；國王
另還有位擅長於運用一應技巧誘惑男性之心的
情婦杜芭麗夫人（Madame du Barry，也不乏
關於她是位知名花癡的紀錄），據知，最是懂
得運用巧克力號召催情效果。

　　巧克力得以在極度（或說就是過分）講究
官能之樂，揮霍、奢侈至頹廢、享樂至濫情的
華麗巴洛克宮廷文化中大行其道，其實並不意
外！在上流社會飲食男女的各個生活面向，巴
洛克時代人們的起居、交際活動、詩文書寫之
間，巧克力常被用來處處留情。

　　不只凡爾賽宮，甚至整個法國貴族社會，
當時融入在超量巧克力與過量香氛的氛圍下，
耽溺在濃濃的愛慾波濤之中。

可可巴洛克，探測激情的溫度

　　而就在巴洛克文化、藝術中，後人不難測
量出一股濃厚的情色愛慾因子，這其中與巧克
力共同迸發出來的激情溫度，是任何想認識巴
洛克時代的音樂、文學、建築、藝術、生活美

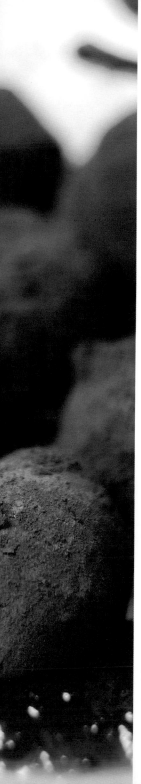

當代人高度渴望大量享用巧克力的這個事實，更令人不得不驚訝，因為著迷於此箇中美味的，尚且包括大文豪、詩人、畫家、音樂家與高階教廷人士。

連伏爾泰也無法抗拒

備受尊崇的法國思想家伏爾泰（Voltaire, 1694-1778），在享用早餐時，獨獨鍾愛他的可可飲品；在他自我放逐，滯留在法國近日內瓦附近的Ferney地區，堅持隱避山林的最後十八年歲月裡，伏爾泰雖然簡約了俗世的一切慾望，卻似乎難過巧克力的情關！

為了購得所需的可可亞，他竟願意破例上街；巧克力想必是凡間唯獨能夠令他上癮、戒不掉的食物，我們就為伏爾泰稱它作「靈魂食物」吧！。在那十八年之中，伏爾泰總共上街買了二十四次巧克力、八次茶；巧克力之於伏爾泰的魅力何其大！（與並不偉大的我們竟然作用一樣，令人振奮！）我們雖行抗拒，要離開它，卻又是如此的教人不快樂！

十八世紀中葉，奧地利女皇召見了一位被喻為巧克力美人的人像畫專家Jean Etienne Leotarde進宮為她作畫，因為畫家有一幅名為「巧克力美人」的大作「La Belle de

Chocolatiere」，是當代極具知名度的作品；畫中人原是早上為畫家端來可可飲早餐的女侍，可能在大師筆下，捕捉女侍一早為他奉上巧克力的景致太迷人了，這名女侍後來竟得以飛上枝頭變鳳凰，嫁入王室成為奧地利王子妃。

歌德、莫札特信仰、讚美它

德國大文豪歌德（Goethe）也為巧克力上癮！甚至，他為了顧慮自己前往瑞士的行旅中，會買不到這在當時仍然稀有而昂貴的美味，於是出發前刻意差人準備了大量巧克力隨行；可以想見，中斷了他巧克力飲的供應，會置偉大的文學家於何等的困境；這一程，他認真的為巧克力飲做了周全準備，還特地將自家使用的巧克力壺

一起帶著去旅行！

　而莫札特在《女人皆如此》（Cosi van Tuti, 1790年）歌劇中，更是讚美巧克力為不朽美味。就在第一幕之前，開場白裡也不忘融入調製巧克力飲女僕感觸的寫照：偷喝女主人巧克力的女僕大呼：「喔……這滋味實在太可口了……。」

　「喝巧克力就如同喝掉液體的金錢！」一位十六世紀西班牙歷史學家如此記錄。巧克力從來是昂貴而奢侈的，進口來到歐洲，更只有皇室貴族與財富人士才喝得起。若非巧克力如此昂貴，這位女僕與其同胞，想必誰都願意立即化為巧克力之奴！

令超凡的薩德侯爵徹底投降

　伴隨著十八世紀末法國大革命的發生（1789年），在法國的道德主義者眼中，被指一生與「魔鬼及罪惡為伍」的小說作家薩德侯爵（Donatieu Francois Sade），在公眾領域上的形象，是知名的行徑放肆、荒淫不羈、離經叛道人物；而他另有一個身分，就是無可救藥的巧克力迷。

　薩德侯爵曾在法國大革命中扮演傳奇性的角色。因為他在獄中以尿壺當作麥克風，擴大聲量大肆演說主張反對死刑，成功煽動了巴黎暴民向巴士底監獄進攻，就此揭開旨在推翻皇室專制的法國大革命序曲。

　身為貴族的薩德，一生加諸其身的罪狀比比皆是，包括「虐待狂、性變態」的惡名！這位狂熱嗜食巧克力的仁兄，在他的奇異生命中，夾雜了惡魔與英雄的特質，人生際遇既具悲劇色彩又充滿激情。側寫他的The Divine Marquis《超凡的侯爵》傳記，更為後人將它舞台戲劇化。

在他有幸沒被囚禁在獄的時間，據知他就是那名被譴責「該死的」主導者，大膽在十八世紀的凡爾賽宮宴會中，偷偷地為巧克力摻入西班牙金蒼蠅，而因為它極度催情的效力，讓當夜的宴會淪為放浪形骸、狂歡、雜交的場合，徹底的毀壞了凡爾賽宮的形象。此後，也使得巧克力與狂歡性派對形成複合式代名詞。

侯爵近半的生命，有三十年光陰是被拘禁在監獄中的；不過，不論他被關在哪裡的監獄，他給妻子的信裡，總是一連串的要求巧克力補給品，就像個任性的要糖孩子；不過我們幾乎可以想像，在他波折的生命中，極可能由於大量的巧克力陪伴，而激發了對目標的堅持與抵抗壓力的鬥志。也彷彿，只有通過巧克力的神力，薩德才願意被馴服，擁有像個凡人一般的正常慾望。

教會也瘋狂

「在神職人士口中，任何一個耶穌會教士，是一時一刻不能沒有他的巧克力的！」巧克力與教會的淵源至深。此際，耶穌會教士在巴拉圭與巴西，以奴

役印第安原住民而建立的壟斷性可可勢力，為它賺進了富可敵國的大量黃金，甚至還嚴重威脅及於西班牙與葡萄牙的王室權威，成為歐洲皇室的眼中釘。（註28）

有些學者的研究甚至直指，教會網路實質上便是巧克力廣泛進入歐洲各個國家的主要傳媒。

道明（Dominican）教會的修士，則是當初為西班牙皇室引進巧克力至為有功者。著名的紅衣主教黑奇流（Cardinal Richelieu），甚至被認為是將可可飲強力引進法國皇室的最可能源頭之一。

當時的神職人士，因為通常兼具藥草醫師的資歷，對「巧克力富於營養，可以增強體力，並有益於健康」有明確的認知，這應該是巧克力得以在歐洲各個教會中建立身分的基本原因；所以當巧克力在貴族社會成為春藥代名詞的同時，奇異的是，神職人士與各教會也為之神往！

有趣的話題是，我們以為，既然巧克力與性的誘惑是連凡人都得力圖抗拒的，歐洲當時嗜飲巧克力成癮者從宗教要員到基層修士（從史料上得知，確是族繁不及備載），面對巧克力所代表的效

Le Chocolat de H 提供

應，深入這俗世所謂的奢華誘惑，是否衍生道德問題？又如何管理呢?!

在《雙城記》中，狄更斯（Charles Dickens）還特地描繪了一名大主教，是為嗜食巧克力成癮的偽君子；大文豪的黑色幽默，將情境勾畫得生動有趣，更有弦外之音：「……他常躲在祕密處吃巧克力……但是，每天早餐的巧克力，若沒有廚師外加四名壯漢的協助，他就會連吞都吞不下……。對他來說，吃巧克力若只用三個侍從來服侍，便是有辱名譽之事，更別說若只有二人可以服侍，那就不如去死算了……。」（註29）狄更斯迫不及待的要我們知道，這大主教真是個做作矯飾的大癮頭。

神職人士所謂的「完美的一餐」，在餐桌上，巧克力的主角身分是特別顯赫的。當然，「喝巧克力會不會造成禁食時的破戒？」這樣的問題，在教會裡向來總是陰魂不散的存在，事出有因；羅馬教廷也總是出於憂心，在下奢華禁止令時，也總不忘再一次將巧克力帶上一筆。

不論如何，巧克力飲向來引起人們對天主教，尤其是耶穌會教派教士之偏好的聯想，一如人們的刻板印象，認知法國沙龍是聚集詩人、文學家與哲學家的場所。

茉莉香巧克力獨門配方

你想嚐嚐托斯卡尼大公爵卡西莫特調，如詩般浪漫且極盡奢華的著名茉莉香巧克力祕方嗎？

被美譽為「最能代表巴洛克風味的巧克力」：茉莉香巧克力配方，正是托斯卡尼大公國統治者、美迪奇家族的末代大公爵卡西莫三世的御醫——集科學家、詩人、語文學家才華於一身的雷迪（Francesco Redi, 1626-97）——所創。

傑出的科學家雷迪，為了治療卡西莫大公過分著迷於香料的濫食症，以及他過度肥胖的問題，而「發明」了這方最高機密似的飲品；不過，奉行大公爵之命，這飲品只能供卡西莫三世御用，配方嚴格禁止外洩，因此顯得極為神祕。

雷迪也一生的確守口如瓶，直至死後才被好奇了數十年的其他科學家設法揭露出來。（註30）此配方因此也被稱為「神祕的雷迪茉莉香巧克力祕方」。

到底它的醫療成效如何？據知，這祕方的確使得腫脹如氣球的大公爵減肥成功，清瘦了好些下來。令人不得不讚美，這詩意又浪漫、感覺一定好吃的茉莉香巧克力祕方，竟然可以減肥，這件事可謂太太吸引人了！

要製作這個祕方，還真是費工夫！得慢條斯理的將各種元素融入攪拌、重複再重複，光就摻入程序，就最好約莫十二次，前後得耗時數日！巧克力與新鮮茉莉花的香味組合，是個引人遐想、值得渴望的美食配方，其中還有香草豆、肉桂的額外安慰。奇特的是，此方竟還摻有十二分之一盎司的龍涎香!?這是怎麼樣的一個融合無數珍貴元素、像個化學演練的科學祕方！

我呢，還特別對這裡頭包含了可以歸類為時、地、人、天的各種珍貴因子而感覺到它的迷人，決定了「雷迪的巴洛克茉莉香巧克力配方」將會是我品嚐古配方、古法製巧克力的第一選擇！不過，加是不加龍涎香呢？倒是值得好好考慮

偏好香料巧克力

一切奢華，盡在巧克力的配方！

才學會飲用巧克力的歐洲貴族發現，若不適量加糖，巧克力口味苦澀難以入口，而泡沫則是嗜飲巧克力者品味的門道，歐洲人得經過一番摸索教育，才能恰當掌握。其實，若沒有好配方足以誘惑味蕾，巧克力根本難以下嚥。

如同義大利文藝復興時代，調香師的香水配方被視為藝術創作般的表現，巧克力的配方也有無限的創意空間可以發揮，時人若要享受美妙的巧克力，就得有特別的配方設計與研製巧克力的專門匠人。最好的巧克力獨家配方，並且常被當作

私房祕密。

巴洛克時期，巧克力配方的主流偏好，仍然是液體飲用的巧克力！其中，融入稀有東方香料而來的新口味，尤其是大勢所趨。賞味者特別偏好掺入上等香草豆、肉桂粉、丁香與蔗糖；糖可以去掉可可的澀味，更讓苦味變成美妙趣味，蔗糖，成為來到歐洲之後，巧克力配方中的不可或缺。

當時在「香料巧克力」配方中，巧克力膜拜者偏好掺入龍涎香或麝香的，應當是對其加倍的催情作用有著不可言喻的需求吧？而所謂的「西班牙風味」，更偏好加入些許荳蔻、檸檬或橘皮，豐富口味；是否追隨印第安人，喜歡在巧克力中加入辣椒，那就見仁見智了。

令人著迷的
美食元素

的確，透過西班牙人與其皇室，歐洲權貴令巧克力發展出各種美食的樂章，這個奇妙而容易教人上癮的物質——巧克力，才有了另一番生機與奇遇；透過歐洲宮廷與貴族嗜食，才使得最傑出的美食大廚與食品工程

師，發揮了最大的創意。

　　歐洲文藝復興時代最富裕、勢力最龐大、最具影響力的佛羅倫斯宮廷，也就是托斯卡尼大公國，對可可飲品味的諸般偏好，更是帶動了進階賞味的風氣，產出巴洛克時代最具代表性的各式奢華品味典範。

　　在義大利文藝復興時代的創造力之下，巧克力登陸後，美食界也大受啟蒙，在麵食與菜餚上，巧克力也登上義大利食譜殿堂，成為超奢華的美食元素。

　　這些看來真不起眼的小豆子——可可，是五百多年來豐富歐洲奢侈品文化與歷史的口味；巧克力，成了滋養許多文學、藝術、音樂家的靈魂食物，是他們創作時的繆司；他們對巧克力之愛，象徵集感性與品味之極致的高風格生活時尚。

　　今天，更加令人上癮著迷的固體巧克力糖，盛裝在美麗的小盒子裡，由傲稱Belgium, France, Swissland各國名家提供獨家賞味配方的巧克力糖，甚至令垂涎欲滴的我們以為，巧克力就是歐洲美食文化專司的特產！

設計美麗銀製巧克力壺的法國人

　　在歐洲當代名畫裡，如果我們放眼搜尋巧克力的芳蹤，就會有許多機

會發現，為製作飲用可可的工具與各式巧克力壺頻繁的出現；在穿著多層次繡花蕾絲與荷葉邊的緞錦服飾、披掛了珠寶首飾、戴著高聳入雲的白色假髮、臉上撲滿白粉（身上灑盡香水）的當代人身邊，令人特別感到驚訝的是，人物畫家總是選擇在背景上表現巧克力壺的存在。

話說，法國上層社會迅速趕上了風靡於巧克力的時尚，在飲用巧克力雅好者的催生下，一應優美典雅的飲用器皿，巧克力壺、專用杯盤瓷器的設計，就在巴洛克時期登峰造極，一如飲茶文化。

為皇室或貴族打造的巧克力壺設計尤其奢華，常見以銀製或以金製。從食用器皿的講究，可以看出製作技藝在法則上的細緻與堅持；教我們絲毫不能低估，在十六至十九世紀的時代中，飲用巧克力在歐洲生活文化中，所佔據的重要地位。

從畫中，我們得知形式優雅的巧克力壺，在十八世紀已經達到完美的發展，它們絕大部分有著「水滴狀」壺體（錐狀形式的設計居次）；由於攪拌動作攸關飲用巧克力的品質：一方面可使沉澱的可可在均勻融入液體後，才好注入杯中，一方面更是為了攪拌出那可口的美味泡沫；巧克力壺蓋上嵌入半固定的攪拌棒設計，就是為了容許以S型的動作攪拌，直到泡沫升起。

銀質的巧克力壺，最常伴隨貴族女性出現在各家名畫的生活起居場景之間。描寫皇室貴族生活上的主要活動，似乎就少不了飲用巧克力這件風雅之事；側寫當時女性的畫家，更是同樣鍾情於捕捉巧克力壺，杯盤與主角的互動情境，這

綴有葡萄藤圖案的十九世紀法國瓷製巧克力壺，從其精緻的設計可看出巧克力對法國人的重要性。（corbis）

其中必有的隱喻令人好奇。

　　收藏巴洛克時代器物工藝的專家，對巧克力壺所形容的當代生活時尚，應該著有許多有趣的故事可以分享。不過，就在不久之後，精巧優雅的巧克力壺與盛裝巧克力飲的器皿，自名畫中驟然消失了。

　　工業革命的影響何其大！從液體變成固體，從貴族獨享的奢華變成平民食物，巧克力在被包裝成糖果，一塊塊如同黑色黃金的（BARS）巧克力塊之後，我們所認識的巧克力美味，完全不再與精緻的壺與攪拌棒有任何關係！今天的我們雖然為它著迷，卻從來也不認識什麼「美味的泡沫」！我們學會對著美麗的小小盒子裡包裝的神祕美味，興起綺思、遐想巧克力美妙的滋味，在那一刻狼狽的偷偷吞下大量的口水。

　　許多醫師堅信可可是抗憂鬱症的絕佳良藥；我們應該還記得，以前有這麼一種叫作「相思病」的精神官能症（現代人似乎已經不再有這種病，或者已然被換上更時尚一點的病名，像戀愛強迫症之類的）。巧克力，便是這些心理藥物學者為相思病患治病的藥方。

　　我的美國好友Linda的金髮媽媽曾告訴我，她們姊妹在花樣年華的時代談戀愛，一旦失戀，常常就會鬧到家庭醫師開出「巧克力處方」治療，原來，它真是克服憂鬱症的良藥。

十六世紀以來，許多古典醫療的臨床經驗就認為，巧克力能影響女性的賀爾蒙分泌，並且會令經期前的女人特別升高對巧克力的渴望；在這一點上，現代的研究告訴我們，巧可力所含有的Serotonin（血清素），會令人產生輕鬆、平靜的情緒，它同時也含有Endorphin（腦內啡），這是一種讓我們產生快樂感、幸福與滿足感的賀爾蒙。有人並認為，與巧克力相提並論的「催情」效果，與這兩項作用大有關係。

複雜如萬花筒的化學成分

純度高的巧克力，含有兩類生物鹼：咖啡因與可可鹼，可可鹼除了帶有刺激中樞神經的效果之外，甚至還有「擴張血管」的效

力，它是良好的提神劑，與咖啡一樣是絕佳的利尿劑。

巧克力是無可取代的情緒食物！它也如同情緒的作用，含有複雜如萬花筒的化學成分；研究巧克力的學者專家並且認為，對巧克力產生的反應，人人並不相同；因此，有趣的是，可可會因為個人因素（生理結構與心理的養成）而滋生不同的效果；它對有些人來說是興奮劑，對另一些人卻是催眠品。倒是，對每位食用者，它都會產生提高或是降人對咖啡因耐受性的具體影響。

「愛情」的替代品

「人的大腦在戀愛時會分泌一種化學物質：苯乙胺，它使我們感受到自己談戀愛時的熱情震撼……。」（註31）巧克力含有苯乙胺Phenylethyamine (PEA)，這與腦子在戀愛狀況中，原來就能分泌的PEA相同，它因此能為我們向大腦下令，複製如同在戀愛之中所感受的興奮歡愉感，當然，因此它是好吃的「愛情」替代品。

對以「苯乙胺」解釋巧克力所釋放出來的魅惑魔力，專家的見解其實大相逕庭；這使得自古以來，對巧克力所代表的神祕力量，人們一貫抱持著尊崇與好奇的態度。

在我們的意識裡，不論其他，巧克力已經代表著愛的元素，解讀一個偏好巧克力「食尚」的社會現象，是否就直接透視了那個社會追求「愛」的情緒，與對「愛」的集體渴望

情聖Casanova求愛狠招

不論叫他情聖或女性第一殺手，Casanova 要耍浪漫本事，除了香水，可也少不了巧克力。他誘拐女性的撒手鐧，據知，就是香檳加上巧克力，這記狠招，一向令他無往不利。

求愛的男性，通常以巧克力、鮮花、香水相贈，企圖打動他們渴望被接受的女性的心。今日情人節贈物，巧克力禮盒已經變成最最標準的禮品；為表達愛與浪漫之情，不論是送給女性或男性，巧克力總是大多數人心中的首選。一方面，與它在社會中約定俗成的象徵意義：「代表傾慕求愛」有必然關係，另一面，也因為它是個人體驗中已深刻成形的「愛的密碼」。

▶ 圖片提供／達志影像

發現巧克力龐大經濟網路

話說當初一五四四年，道明教會修士帶領了一批馬雅人至西班牙晉見菲力普國王，現身說法並呈上印第安皇帝每日必喝五十杯的液體黑金──那神祕而珍貴的飲料，道明教會修士以他們的藥師素養，稟報國王關於它含有了不起的營養價值一事後，巧克力從此被引進國勢富強的西班牙，數百年間為西班牙

羅致了巨大的財富。西班牙應該特別感謝的，的確是道明教會的修士。

為了可可的龐大經濟價值，帝國小心翼翼守著這份財富機會，為防範競爭，不僅費盡心機，也百般施行壟斷的計策。

進入了富麗堂皇的西班牙宮廷，巧克力就等於進入了的歐洲皇室貴族、享樂至上的生活圈。在皇室與富裕商人的宴會中，供應飲用不盡的可可飲料，成為絕對必要的待客之道。十八世紀中下葉，查理三世統治時期的西班牙，「每年光是在首都馬德里，就要喝掉大約五百四十萬公噸的可可」。（註32）

美國大兵手上的巧克力棒

據聞，歷史上以驍勇善戰聞名的阿茲特克戰將與大軍，在出征之前，必以飲用巧克力提振軍心，助長士氣，提升攻擊力。而在二次世界大戰中，美國軍方也刻意為每位大兵，配備了一份各為四盎司、共含一千八百卡路里的三塊巧克力BARS，作為軍糧的標準組合。

戲劇性十足的事實是，在希特勒潰敗自殺的前後，美軍在德國地區的軍事行動，由於藉助了巧克力糖的甜蜜誘惑，令飽受飢餓流離失所的德國百姓與戰俘，都能立刻放下敵意，接受投降的召喚；美國人的巧克力糖，竟然證實是如此有益於戰事的勝算。美國大兵手上著名的巧克力棒，在越戰期間一樣令他們意外受到歡迎；這是悲慘恐怖的戰爭間，足以甜蜜人心的奇異吉祥物。連太空人在外太空期間的營養食譜，都還少不了巧克力糖呢！

美國為有益於軍事發展，還不忘為大兵們進行更尖端的巧克力技術研發，使得被派遣參與中東戰役的美國大兵，不必再擔心軍糧中的巧克力糖化光了。現在，即使在華氏六十度的高溫下，大兵巧克力仍然不會溶化。

在人類發展的整部歷史上，我相信有朝一日必當如此記錄：由於越來越多美味香醇的巧克力糖，對人類身、心、靈的豐富、平衡提供了莫大的助益，使得人心對和平的堅持絲毫不能動搖，也因此使得戰爭變得毫無必要。

呼叫
純可可油

廉價巧克力糖奪走了原味

可可油（Cocoa Butter）是巧克力的靈魂，是可可豆成分中的天地精華，也就是巧克力那真正的香氣、美味與營養成分的來源！

一八二八年，荷蘭化學師Conrad Van Houten發明了將可可油分離出來的技術，巧克力的美食世界從此開始了乾坤大挪移的質變革命！這個新發明的技術，可以令可可豆中的可可油壓榨出來（至剩下一半或極少）；而就因為這萃取出來的可可油可以分開銷售，取得極好的利潤，可可的經濟價值因此更加可觀。（註33）

接著，Van Houten又引進鹼化（Dutching）的過程，加入了鹼（鉀或蘇打）讓巧克力粉容易調和於水，卻也又進一步損減了它的風味。這個看似聰明的「脫脂技術」，就是賜給了我們所知道的，便宜而大眾化供應的「巧克力糖」工業技術。它容許巧克力原料的保存，與方便跨國流通的經濟效益，更符合工業化產製的條件，同時也改變了巧克力糖與製品製作的全體法則。

在此同時，卻也使得此後巧克力開始以「缺乏靈魂（可可油）」的「殘渣粉末」的形式存在；雖然巧克力從此變便宜了──我們可以在超市、雜貨鋪，便利的買到容易保存的廉價巧克力糖與罐裝可可粉；但也因此導致今日我們在坊間買到的巧克力糖，雖然包裝可

人，其中卻僅僅殘留極少量的珍貴可可油，而充滿蔗糖與廉價的替代脂肪。

商業化之下的巧克力災難

歐洲貴族社會對可可上癮的歷史，在工業革命以機械統馭生產製造技術，與量化的經濟改造之下，一如時裝業的發展軌跡，走向大眾化、市場化、低價化、普遍化了。

令人著迷的巧克力產品，也在品質的純粹度、添加成分與口味的制式度上犧牲、妥協。不只於此，我們還得忍受製造商在其中添加廉價替代脂肪，與摻入防腐劑的大災難。

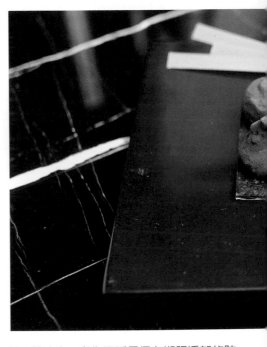

工業化的廉價巧克力糖所造成人體健康的威脅，真正的元凶有三大：含糖分的過度、替代可可油的劣質固體油脂，與為了延長保存期限添加的防腐劑；難怪肥胖、蛀牙、上癮、血管栓塞等多種負面認知，竟然成了現代巧克力糖所代表的健康威脅（註34）。（希望由於可可豆的價格已經大幅降低，今日業者不需再像十九世紀的不良商人，還在

可可粉中間摻入紅磚粉、馬鈴薯粉、可可豆皮等等混充）。

注意，有的「巧克力糖」並不是巧克力！

捍衛巧克力文化者，並且指責當前消費者的「上癮」問題，其實是被其中的「高糖」含量給騙了──以為自己對巧克力糖上癮之人，其實多數充其量只嚐到了大量蔗糖，而意外的因為糖變成了「巧克力癮君子」！

美國這個國家消費了全球五分之一的可可豆（註35），這可是個年產值近百億美元的大事業。在美國大學的校園裡，記得自己趕作品熬夜間，與其他同學依賴著一大袋甜死人的美國巧克力糖來振奮提神；而在人聲鼎沸的世界盃足球賽超級盃、美式足球賽──美國人著迷的應是這個球場上，球員與觀眾一起亢奮的大量食用巧克力糖。美國人大量食用過甜而極易致胖的

巧克力糖，似乎已經成為口味上的習慣。

一位攀爬登上西藏高原的朋友，站在五千公尺高度上，感謝他的巧克力糖有如天神所賜的聖物。因為含有極高熱量，它是登山客、重度勞動者絕佳的活力補給品。

至極為輕簡，除了早餐，晚餐通常就只吃一點白肉、喝些清湯，她的營養觀與現代人主張的健康飲食不謀而合，巧妙吧！

它是營養、益健食品

巧克力含有的營養成分如古代醫師所證言，十分豐富不凡，極有益於健康。它含有蛋白質、維生素B群以及相當多的礦物質（鉀、鎂、鈣等），這些成分的百分之九十四，都能被人體充分吸收。現代的醫學研究指出，巧克力具有許多有益於健康的功效：（註38）

一、能抗氧化，因此抗老化，具有抗癌功效。

二、能減少血栓塞，降低心血管疾病與中風的機率。

三、含有大量有益於消化的食物纖維。

可惜的是，這些好成分大都存在可可油之中，而除了上等黑巧克力之外，並不一定真正保存在我們所吃的巧克力之中！

阿甘的花式巧克力糖

看過《阿甘正傳》(Forrest Gump)的人，不會忘記這位老兄在公園邊巴士站，坐在凳子上等著車子；這時他打開了一大盒花式巧克力糖(Assorted Chocolate)，津津有味的說道：「我媽就說：人生就好比一盒〈花式〉巧克力糖，你反正就不會知道，下一個會嚐到什麼口味？」言下之意，那充滿驚奇誘惑，叫妳迫不及待急著要打開它嚐嚐的一大盒巧克力糖，在各式的糖衣花樣包裝之下，會是甜是苦，是最喜歡的、還是不愛吃的那種!?以一大盒美國式的花樣巧克力隱喻人生，道出人生有如一盒巧克力的魅惑，總是令人們充滿期待，卻也充滿意外，才令人知道，人生的際遇，神祕不可測。

搶救
「諸神的美味」
巧克力黑幫份子的神聖使命

為了不讓巧克力淪為虛偽的美食,讓素有「諸神美食」的盛名蒙羞,世界各地捍衛巧克力名聲的「巧克力黑幫份子」已然形成。

「巧克力黑幫份子」,從來是不停的歌頌上等原味黑巧克力(Dark Chocolate)的偏執者。它色深,棕黑至發亮,帶一點苦、一絲酸味、再一點甜,或許帶著覆盆子或其他水果味,也可能含著煙薰味,但是它必定令你享受那如絲絨般香醇滑順,在似有若無的口感下釋放濃醇之香,而且毫無澀感,再加上無比清香的餘味,這就是包括我在內的許多黑幫巧克力饕客,在品味黑巧克力美食盛宴時,需要答應自己,那特為挑剔的口感的。

最高級的純正Criollo品種

與品味名酒一樣,我們得懂得細緻辨別巧克力的口味與品質,尋求最高級,還要認識高貴而稀有的Criollo品種。這便是當初登上歐洲大陸,在西班牙皇室的味蕾體驗上,造成一股風靡效應的可可品種;如今,它卻是絕大部分巧克力迷無緣相遇的稀有美味。

▶圖片提供／達志影像

巧克力黑幫份子，堅持要享受「最高級」的可可美味，絕對是一場與「原純味」拉鋸的浪漫史，一場儘量再向「純粹」靠近一點點的拔河。

只要加入牛奶（奶粉）或純可可油脂含量偏少，或是摻入過量的糖分，或是添加其他脂肪及固化乳化劑，這些異物不只是改變原來巧克力的純粹度，還會造成口味的干擾；巧克力黑幫份子自有一番對純粹原味的偏執。

若能揭開蔗糖甜頭的面紗，真正品嚐出自己特別鍾情的巧克力美味與它的底蘊，應當是令美食時尚家最為重視以及珍惜的樂趣。

有些巧克力製造商，竟然在他們聲稱是巧克力的產品之中，完全不用那些賦予巧克力風味與品質的靈魂原料：可可油！對巧克力最純粹美味忠心耿耿之人，有著唯一堅定不能挑戰的信念：只有純可可含量高過百分之五十（或百分之六十以上！不過這只是我的標準！）的可可亞製品，才有資格叫作「巧克力」。不過，巧克力黑幫份子在舉世搜索我們的頂級巧克力時，只能不斷高高舉起「呼叫純

粹！呼叫可可油！」的招魂旗。

　　其實，成為迷戀dark巧克力的瘦子，是個不朽的夢想，巧克力黑幫份子也已經形成跨國凝聚的族群，他們的使命宣言很清新：「我愛吃黑巧克力，我不止很快樂，我既健康又很瘦！」

可可研磨匠的古法

　　一六五七年，全世界第一間「巧克力沙龍」（Chocolate House）在英國倫敦開幕，獨獨為當時的上流社會與菁英階層份子所鐘愛（十八世紀末開始，倫敦的巧克力屋逐漸式微），其中最具旗艦身分的，像White's Chocolates House（註39），直到今日，依然屹立在St. James街上，轉型而為尊榮的「紳仕俱樂部」。

　　真正貴族行家品味中的極致，那令任何人忘情陶醉的美味，花了數日時間，專人依配方調理出來的新鮮巧克力珍品，今日似乎已經遙不可及了？

　　當年，在義大利托斯卡尼大公的美迪奇宮廷，與西班牙皇室同樣的燃

起對巧克力著迷的火焰，對專門擅長設計配方，與純手工調製巧克力飲的達人的需求，如同服務皇室貴族而成名的音樂家、畫家、雕塑家般，應運而生。（註40）

也在這股狂熱帶動下，仿效宮廷以巧克力飲宴客，成為上流社會非常引以為傲的生活風格與社交重心。

巧克力研磨匠，是一批用心鍛鍊承襲自中美洲古法，拿捏出最精緻手藝的巧克力美食達人；他們並且設計出實用的工具，從研磨可可豆開始，慢工細活的精心調製珍味可可飲。其中許多人，已然具有堪稱獨門的技巧。

巧克力研磨匠也組成工會，以便提升技術水準，防止不肖的冒牌匠濫行於坊間；這項專業技藝是相當嚴格的，一名初學者通常得花上六年時間，才能真正上手。

這些為貴族口慾帶來無限歡愉的可可研磨匠，大致上是勤快的猶太人，他們還製作了一些簡便的可攜式磨具，帶著應聘到府，為雇主新鮮調製濃醇美味之飲品；至今，在西班牙的古老城鎮，依然存在著古老的巧克力匠工坊。

在義大利熱那亞（Genoa），港口邊上的甜點鋪，有幸的，也還能撞見老研磨匠運作著大理石磨，趁著置於下端的烤爐釋出的溫度正酣，香噴噴的細細研磨著那可可豆（註41）；這個從直接材料可可豆開始，製作新鮮巧克力的純手工作業，也因此原味保留了可可成分中最為珍貴的可可奶油。

也只有在這樣的慢工細活之下，我們才得以一窺，那令托斯卡尼亞人士嚮往不已的茉莉香巧克力飲，製作流程的可能究竟於萬一。才知道，貼近溫習，認識過去，喚醒那份如同對摯愛情人一般

不渝的鍾情，實實在在的豐富了現代巧克力美食主義者的賞味面向，敏銳了我們的美感觸角。

後工業革命時代的人們，特別的懷舊，而懷舊的集體意念，已然超越季季的演繹著復古情調的時裝，與緬懷工業設計的視覺時尚；賞味巧克力的偏好，朝向古法古風味古配方，美味達人沿用authentic

純正古法，或以絕不妥協的精心專注創作，手工製作巧克力的美感，深深的吸引著人們；為了自己的食慾美事，我們有著絕對充足的動機，熱烈期待古典巧克力文化的再一次文藝復興。

永遠迷戀我的巧克力情人

　　賞味達人就莊園年份巧克力Grand Cru品味的新潮賞味行動，正蔚為風潮。新世代的巧克力迷，已將賞味享受的觀念，深化至接近品酩葡萄酒或上好雪茄的深度，賞味講究品種、產地，賞味也講求年份。

　　許多自命為chocoholic的有為者，奮力的享受著挑戰自己味蕾的「微美學工程」，得道者得以在最上乘的一塊巧克力之中，品味出鎖在其中多至六百種不同的香氣；巧克力，早已經不再只是另一種甜食！

　　同時，追蹤古法、溫習古配方，巧克力迷再度流行依自己的品味偏好，尋覓達人手工訂製新鮮巧克力。它也被推展至超越美食圈之外的「創作藝術」的境界。

　　迷戀巧克力重返流行，我們以美食的「巧克力Buffet」的奢華，品味各種純香的優質巧克力，歡度下午時光；在時尚都會中，駐足流連在Chocolate Party與Chocolate Salon，與擠得滿滿的一群人，緩慢賞味著一項又一項由廚藝達人創作的巧克力美味；我們應該會持續的好

奇：到底這個人間美味，如何使得三千年間的人們，不論種族文化、階層年齡，就是要迷戀上它！

它的好滋味極其誘人，令古人不禁自私的只想獨自享受，而卻又為此感到罪惡；它的好滋味使人謙卑，只得將它供給神聖的諸神，才算是善盡人事──它美味到了凡人都不該享有的程度，只好用來祭奉諸神才能適得其所。

這是什麼樣奇妙的天堂美味呢？

這樣為美味上癮的時尚，不應該go out-of fashion，而如果它還不能算是一個信仰，至少，它該是享受上，我終究的效忠吧！

新潮巧克力賞味行動

巧克來也「賞味體驗Party」

賞味巧克力的奢華美味，最好的時機，便是一個
精心籌劃的社交場合；在這一點上，凡爾賽宮的
宮廷國宴，早就英明的搞得清清楚楚了。

到Chocolate Salon嚐「巧克力食譜」

賞味配方與完全品味MENU：
巧克力賞味體驗上的樂趣，可以圍繞在巧克力達
人的極為豐富的配方創作面。
糖狀，塊狀，或巧克力飲的酒類飲料、其他飲品
搭配，可有交互襯托美味的樂趣。

私房巧克力賞味遊戲

於我，巧克力也是閱讀時唯一的好夥伴。偶爾，
召集三兩良師益友，就在品酒的高度上，品味不
同莊園、品種、純度、年份的巧克力BARs，鍛
鍊細緻味蕾，犒賞渴望！
注意最佳體驗氛圍：
天時／味蕾最醒時：上午11時或入夜前黃昏6時
地利／室溫在20℃，燈光幽幽的氛圍最佳

必賞推薦品

Valrhona 的「**Chocolat Noir de Domaine**」
BARs
——自有Criollo品種莊園的芒虹娜（Valrhona），
仿效葡萄酒文化，在「Chocolat Noir de
Domaine」系列上，推出了標示年份與產地莊園
的賞味Bars。

J.P. Hevin 的 **La Cave au Chocolat**
——這小行李箱似的一大盒，含12 種不同產地品
種的賞味巧克力

Felchlin 的 **Grand Gru** 系列
Laderach 的 **Grand Cru** (以上詳賞味達人專區)

賞味入門者須知

要學會辨別好品質的巧克力？自己那幾位品味老
師，一致的傳授，就是「學習辨識一切好東西的
唯一秘訣，就是從最頂極的開始」這個原則，千
萬要崇拜。

可可的最高級：純正 **Criollo** 品種
立意搜尋最高級巧克力者，必需要先認識可可的
品種：
可可豆主要有3種品種，**名稱與相關產地**：
Criollo，Trinitario ，Forestero，其中，Criollo是
極品中之最。
■依品種與產地，而大有不同品質與口味香濃
度；與葡萄酒相同的是，品種與土質成分的因
素，使上等可可帶有不同的水果風味的醇香。
■為了準備自己，一日與Criollo這等稀有的人間
美味相遇的奢華際遇的來臨，我們得多認識它一
點：

Criollo (葵優夔)

■全球最多僅有 3% 巧克力屬於Criollo 品種, 至為稀有，僅供應特殊美食權威，大廚餐廳。

■口感柔順，並帶著覆盆子味，也帶極少許苦味，

■Criollo 原來只能以野生的狀態存在，就因為Criollo的特別芳香與濃純，餘味綿長，最受重視，它卻也是最為脆弱，產量最少（年產約僅20公噸）的品種。

■這是當初登上歐洲大陸，在西班牙皇室的味蕾體驗上，造成一舉風靡的效應的可可豆品種，就是高貴而稀有的Criollo品種，卻是今日絕大部分巧克力迷，無緣相遇的稀有美味。

■稀有的葵悠夔

■產地：Ecuador, Surinam, Madagascar, Venezuela.

■芒虹娜Valrhona（法國的專業行家）獨家控有葵優夔品種莊園，芒虹娜帶著覆盆子味道的「Manjari」（花束）便是百分之百的Criollo製品。芒虹娜另有一個市場化的明星產品「Gwanaja 1502」，採用如同香檳的做法，還用了10種不同產地的可可豆混合而成，（Criollo在其中有份）。

■另外，能提供Criollo的一個新來源，是夏威夷柯那島上的Jim Walsh 農場

產出帶著夏威夷水果香味的可可豆。

Forastero

■口感強，帶苦澀與酸味，坊間絕大部份巧克力原料來自它。

■產量佔全球 85%

■Forastero雖然是更具經濟性的植物：既多產、又強壯，卻是結出比較粗糙乏味的可可豆。

Trinitario

■ 係上述二者之混合品種，口感中和了二者

■產量佔全球近於 12%

巧克力賞味體驗手記

■買時以新鮮製品為佳，最遲應該在二週內食用。

■食用巧克力最佳溫度是室溫，巧克力應該在舌上化開（30℃是溶化點）。

■上好巧克力應是香氣四溢，盒子一被打開之際，強烈濃香撲鼻，就能立即叫人垂涎欲滴。

■儲放巧克力，在冰櫃中的最佳溫度是14-18℃，專門的巧克力櫃可以確保最佳溼度控制。

■這是最好細細品茗的人間美味，千萬，千萬別吃太多太快!

達人專區

巴黎骨董巧克力名家推薦

Debauve & Gallais chocolates, since 1800

30, Rue des Saints-P?res - Paris VII , France

TEL：33 1 45 48 54 67

FAX：33 1 45 48 21 78

info@debauve-et-gallais.com

創始人：Sulpice Debauve

身兼路易十六的藥師與查爾斯三世的巧克力主事，握有法國稀有的製作巧克力專利，並且獲頒皇室御用名家頭銜。

名流顧客：巴爾什克、普魯斯特

獨特之處：

■數百年來堅持製作健康巧克力。

■總店建築師係為拿破崙的約瑟芬建造茂玫松〈La Malmaison〉莊園的 Percier and Fontaine，此建築現名列巴黎市歷史古蹟。

■仍有以古配方，在黑巧克力中摻入龍涎香等珍貴材料的極品供應，據知該類巧克力對健康極有益。

必賞品

■對純黑巧克力情有獨鍾者，必賞皇后的金幣 (Pistole de la Reine)，此純度99%的黑巧克力薄片，配上烈酒如伏特加，風味最佳，俄國數位沙皇，都是此味雅好者。
Weight 600g　Price：$ 180,96

■ 橙花口味黑巧克力，是另一必賞之上品 (Chocolat des dames)。

阿絲緹皇后巧克力坊
A la Reine Astrid since 1935

33, rue de Wsahington , 7th, Paris

TEL 01-45-63-60-39

（骨董味老店建築，坐落在香舍麗榭大道上）

16, rue de Cherche - Midi, 6th, Paris

TEL 01 42 84 07 02

創始人：Fernande Gobert

典故：

為紀念風華萬千的比利時皇后Queen Astrid (Leopold III之妻)的英年早逝，而於取得比利時皇室授權後，改以皇后之名至今。現由第三代傳人Genevieve Salmon (1998) 主持。

獨特之處：

■這是一家巴黎饕客小心保護著的神祕巧克力坊，為了珍貴長存，我們有必要一起巧心維護它。

■店中提供多至千種不同口味的古典松露，各式皇家等級巧克力糖與香料配方熱可可飲。來訪時別忘了試試那各式香料口味的普羅旺斯甜點。

必賞品：

■ 任一式松露巧克力

■ 薑味與茴香Ganache

Laduree（since1862）

75, avenue des champs-Elysees, 7th,（香榭
大道店）

16, rue Royale（創始原店）

TEL：01-42-60-21-79

www.laduree.fr

獨特之處：

■ 坐落在香榭大道上1862年就已經成立的沙
龍，是我在巴黎悠閒早餐的最佳取樣之一。

■ 店中另有特製麻卡鴻Macarroons傲冠群
儕，不論口味與看樣都十分迷人，每日傲
稱售出3,800顆，數十年來如一日。

Chez Angelina （since 1903）

226 Rue de Rivoli, 75001 Paris

TEL：+33 (0) 1 42 60 82 00

www.angelina.fr

創始人： Antoine Rumpelmayer

名流主顧： 普魯斯特、香奈兒女士、喬治
五世國王。

它的熱巧克力飲：

它那醇而細，香而濃稠的熱巧克力飲，尤其
是秋冬季時令來訪巴黎，（不管是第1次或

是第201次）最不能錯過！（不過，你怕與
觀光客狂擠在一處嗎？）

巧克力創作明星達人
Haute Chocolatier

Le Chocolat de H.
「阿須」巧克力旗鑑店

日本東京都六本木6-12-4

TEL：03-5773-0075

FAX：03-5773-0076

師承法國廚藝的辻口博啓〈Hironobu
Tsujiguchi〉是個1967年生的美食才藝高材
生。從1990開始，也就是他23歲時，已是年
年得獎，優異勳章配戴得滿滿一身的美食創
作巧匠，不愧是日本人氣甜點的明星主廚。
店中有Salon區，性感的吧台與風雅的小茶
几，至多約只能容下10人（包括巧克力吧的
Bar Tender與帥氣門房）。

辻口博啓的巧克力創作力魅力全方位散佈，
不只讓自已的巧克力成爲許多國際知名的藝
術家、詩人，創作生活的謬思……發行食
譜成書，同時還任音樂CD的發行監製。並
任職東京著名的歐陸甜點旗鑑Mont St. Clair
以及附屬學校的總監。

訂購阿須（H）巧克力者，已經可以上網訂
購（WWW.lcdh.jp）。

就在我書寫此文的2006年春季，在辻口博啓的出生地石川縣，開設了辻口博啓美術館（Museum），其內展示了不可思議之美的「砂糖的藝術作品」，宣告了巧克力與糖果創作藝術，毫不勉強的進入了藝術殿堂。

Jean-Paul Hevin(b.1957)

231, rue Saint-Honore, 1 st

TEL：01 55 35 35 96

23 bis. Avenue de la Hevin 75007. Paris

TEL：33-1-45-51-77-48

www.jphevin.com

創始人：Jean-Paul Hevin

獨特之處：

■ Hevin才華洋溢，多次獲得國際至高榮譽獎項，說它是法國巧克力明星達人第一名並不誇張。

■ 2002年開始在東京與橫濱，開張巧克力主題Launge。

■ 每日供新鮮製好之巧克力糖共40種以上口味。

■ 2004年被日經新聞評鑑為日本巧克力藝匠第一名。

■ 2005秋，委託時裝設計師Paula Ka創作時裝，在巧克力專業大秀中展出。

必賞品

■ 超黑巧克力Ganache 〈甘那雪〉

■ 最佳賞味精選4顆： Criollos, Piemont , Allegro, Zenzero

■ La Cavea chocolates
這小行李箱似的一大盒，內含12 種不同產地品種的賞味巧克力，共96顆，重 960克，售價97歐元。

La Maison du Chocolat

89. avenue Raymond-Poincare, Paris

TEL：33-1-40-67-77-83

WWW.lamaisonduchocolat.com

創始人：Robert Linxe

獨特之處：

■ 法國菁英人士熱愛它，哲學家Jean-Paul ARON讚美他是巧克力甘那雪奇才。

■ 美味創作大師不想 「吃苦」，堅信巧克力不能超過65%純度，才能表現 La Maison 的美味精神，除了可可油之外，拒絕運用其他植物油。

必賞品

■ Fine Champagne Truffles(600g，56歐元)

■ Coffret Maison dark chocolates (120顆，94歐元)

■ 最佳賞味精選4顆：Faust, Boheme, Le Ganache, le Truffle Arriba

Pierre Herme

72, rue Bonaparte, 75006 Paris

TEL：+33 1 43 54 47 77

Fax：+33 1 43 54 94 90

Michel Chaudum

149 rue de l'universite 75007. Paris

TEL: 33-1-47-53-74-40

Patrick Roger

47, rue Houdan 92330 ,Sceaux

TEL：33-1-47-02-30-17

Bernachon

42, cours Franklin- Roosevelt, 69006, Lyon

TEL：33-4-78-24-37-98

www.bernachon .com

巧克力的國籍論

在美食藝術的視野裡，美味的巧克力對我，其實沒有國籍之分，只有品味文化的慣性與達人創作巧藝的高下……。

瑞士巧克力

如果有人說，讓「牛奶巧克力糖」最先出現在市面上的，是瑞士的「巧克力家」Daniel Peter的話，主要是為了要告訴我們，瑞士這個擅於製作優質巧克力的小小國家，是巧克力產業的大龍頭。

這個美食的傳統，在瑞士開始於19世紀初，比起法國，歷史尚短。瑞士巧克力家 Rodolphe Lindt 並且在 1879發明 "conching" 技術，使巧克力在經過72 小時的conching 後，至為滑潤爽口，入口即化。

最令人玩味的是，為表現可可豆的品味特質，瑞士巧克力家擅長運用各種不同品種的可可豆，混合調配出優美的複方口味，就像釀製香檳的作法一樣。

Felchlin since 1908

www.felchlin.com

創辦人；Max Joseph Felchlin,

獨特之處：

■ 是堅持運用 Criollo 極品品種的百年老牌（但並不經營零售）。

■ 1997年開始推薦供行家賞味的Grand Gru 系列

■ Maraciabo Clasificado（ 65% cocoa butter,）被推舉為 2005 全球最佳品。

Laderach Chocolatier Suisse

51, rue de Rennes - 75006 Paris

TEL：01 42 22 33 82,

獨特之處：

Laderach 有個最最可人的選項，就是它的
Grand Cru；它扁扁長長一盒，含入各式賞
味薄片5至7個不同種，各自告訴你它以74%
或78% 的賞味最佳純度獻上，如果它說自己
是68% 也必有好理由。Grand Cru這僅僅3釐
米之薄片，每個含有上下兩層，中間再有另
一軟層聚合，精密得不下於聞名的瑞士精工
手錶。

它讓你就像個大行家一樣的品味巧克力之
美，在天堂的雲霞爵士之間，快樂的與自己
的靈魂豔舞。這也是教育自己的味蕾細緻分
辨口味，好享受的學習！

還有，別忘了它在1962年就調製成功配方，
美味至極的方塊「松露」；此外，其他，
（奇怪！）卻並不令我讚美。

比利時巧克力

比利時巧克力文化最迷人的特性，是援用古
法與手工精製的小小店鋪，普遍而低調的遍
佈於城鄉。最具代表性的Pralines，是脆殼
（貝殼）在外，軟餡在內的珍品。

Pierre Marcolini chocolatier

Place du Grand Sablon, 39 1000, Bruxelles
TEL：32-2-5-14-12-06
www.marcolini.be

Wittmar Chocolatier

6 12 13 Place du Grand Sablon,
1000 Bruxelles, BELGIQUE
TEL：32 2 512 37 42
FAX：32 2 512 52 09
www.wittamer.com

英國巧克力

Rococo, 倫敦since 1983

www.rococochocolates.com
321 Kings Road, Chelsea, London SW3 5EP
Tel：020 7352 5857
Fax：020 7352 7360

巧克力時尚圈

Caffe Giacosa, Florence，佛羅倫斯

時裝設計師名牌Robert Cavalli在他的佛羅倫
斯總店一邊，另闢入口開設的Cafe Bar之
內，其中獨家風格巧克力非常美味。

Armani Dolci，米蘭總店

義大利時裝大師亞曼尼的巧克力坊
地址：Via Manzo ni, 31, Milano
TEL：02-7231-8600（米蘭）

Sant Ambroeus(since1936)

為義大利時裝名牌Dolce & Gabbana訂製豪華
巧克力
地址：7, Corso Matteotti, MILANO
TEL：02-7600-0540

Vosges Haute Chocolate

地址：132 Spring Street, NYC

TEL：212-625-2929

WWW.VosgesChocolate.com

紐約SOHO區的Vosges創辦人Katrina Markoff
打出「巧克力是少不了的時尚飾品」的口
號，她相信，愛好巧克力者來店還想順手買
到的是，涵括時裝、手提袋（當然也可以買
得到巧克力糖）的整體巧克力lifestyle。

首選是名為poivre的黑胡椒口味巧克力；
（但其他？ 拜託，糖量減半後，我會再來一
試！）

專用名詞 GLOSSARY

Cocoa Butter 可可油

不飽和植物性脂肪。可可豆中原含有的元
素，正是所有可可製品帶來誘人可可香、極
致美味與營養成分的靈魂。

Milk Chocolate 牛奶巧克力糖

一般含有14%奶粉，英國的Cadbury's則例
外，含有20%成分鮮奶，這是英國人對牛奶

巧克力糖該有的堅持！

White Chocolate 白巧克力糖

以萃取出來的可可油融入凝固脂肪製成，是
經過數種再生程序而達成的製品，品質好
壞，就看融入的可可油比重與其他成分，巧
克力黑幫份子並不喜愛它。

Dark Chocolate 黑巧克力

純可可亞成份超過60%者。色澤顏深黑發
亮，飽含多量可可油，抗氧化力更強。坊間
講究的美食家，都會特為注意其中所標示純
可可亞成分。

Truffel 巧克力松露

融入大量濃奶脂的球體狀軟式巧克力。

Chocolate Mousse 巧克力慕絲

二十世紀初專門在紅磨坊追求創作題材的知
名的巴黎畫家Henri Tulouse Le Trec被認為是
巧克力慕絲的原創人，當初原名還是叫做巧
克力美乃滋（mayonnaise de chocolat）呢！

Pistoles 巧克力金幣
Ganache 甘娜雪

以1比1、2或3份可可融入最濃奶油的巧克力
軟餡。

SILK

「天堂就是存在於理想中的世界：但，人世間卻真有像天堂

人們不避艱難跟險阻，只想往天涯海

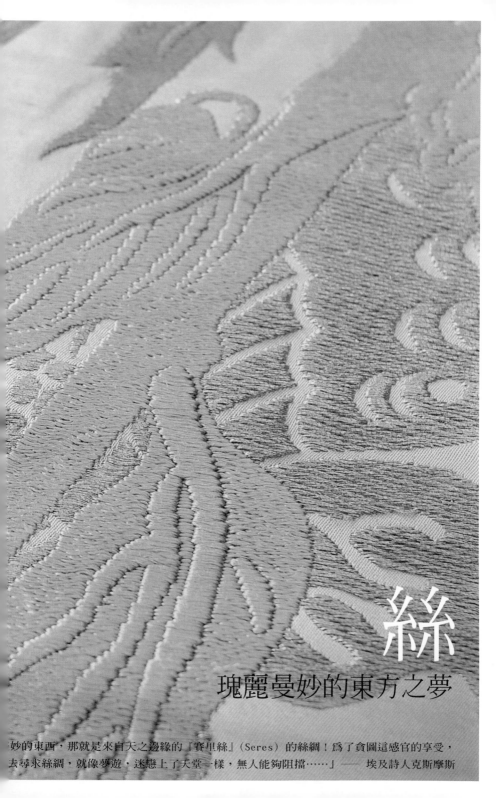

絲
瑰麗曼妙的東方之夢

妙的東西，那就是來自天之邊緣的『賽里絲』（Seres）的絲綢！為了貪圖這感官的享受，
去尋求絲綢，就像夢遊，迷戀上了天堂一樣，無人能夠阻擋……」── 埃及詩人克斯摩斯

香儂的那條粉紅絲絨小毯

—— 在絲綢的故事開始之前

　　為了討論一個西藏公益的新製片計畫，我們與Stephen約好了在他比佛利山莊的家中相會，順著義大利式湧泉庭院的長排柱廊，我們走向宅邸門廳，這時，加州絢麗如古國富麗錦緞的晚霞，正好整以暇的、三百六十度的鋪上了山谷。

　　這回距離上次前來，已超過了一年；我正想著他的獨生女小香儂，才起了念頭，這孩子就已經立時蹬進會客室來，這個天使般的孩子依然被打扮得極為典雅華貴；皮膚透明粉白，剪短的學生頭上繫好了絲絨緞帶，蕾絲小圓翻領洋裝，完美得像個英國皇家娃娃。只是，她依然隨時的拖著那條毯子——那條我們為她送來的一歲生日禮物：骨董粉紅色，百分之百的純絲絨小披毯，那條令香儂一眼就愛上了的絲織品，那條令這個人間嬌兒滋生親密感，令她滿心信任、依賴、只願意依附於它的布料；香儂的父母在她的成長日記上，記上了「The Obsession of Shangnon」，這個洋娃娃就從那時起，開始了每天都要將臉龐貼靠在這張絲毯才能入睡的偏執。甚至在她清醒時，手上非就要扯著這條小毯。

　　不僅如此，這個孩子與中國特別有緣分，就喜歡聽講關於龍、鳳、麒麟的故事，她的奶媽就著童書這樣子告訴香儂：

　　很久很久以前，中國第三任的皇帝「黃帝」，有一天在庭院裡，在快要沒了葉子的桑樹上，發現了一個個白白蠶繭，於是好奇的讓他的太太西陵氏皇后看他從樹上撿來的蠶繭，才十四歲的皇后接過來時，一個不小心，將蠶繭給掉入了正在喝的「熱茶」裡，皇后一急，將它撈起來，就發現了「絲」的端頭，一拉拉

出了長長數百碼的長細絲，此絲亮澤無比，一如仙子的銀髮。

　　聰穎的西陵氏小皇后立刻進一步研究，終於發展出了養育一大批除了吃桑葉，什麼也不管的蠶寶寶的方法，還有，將蠶絲織成一匹匹美麗無比、豪華曼妙錦緞的方法；這些美如天上雲霞的布料，只限於供給中國宮廷中的皇帝、后妃、公主與王子穿用：中國的詩人與畫家，並且就在絲布之上作詩賦詞，並且作畫。

　　當天上雲霞般瑰麗繽紛的絲綢，第一次在中國宮廷的恩賜之下，出現在古羅馬帝國的皇帝與大將軍眼前時，美麗穿透人心的震撼，連皇帝都驚豔萬分，他說道：「啊！朕這才見到的，真是一個燦爛美麗的夢！」

　　「我們這寶貝，一定得到了絲之女神的特別眷顧，平日她只願意睡在絲、緞寢具與絲絨枕上。我看過一些分析，在夜裡，春蠶絲裡的因子、讓臉與頸部的皮膚吸收到上好的營養，它所含的氨基酸能夠抗過敏、保濕、除靜電、還會讓頭髮細柔光滑如絲緞……」好萊塢豪門小嬌女的媽，別的沒有，多的就是徹底的嬌寵呵護自己與子女的金錢與知識。那天，趁著主人返家的延誤，我們為香儂，再說了另外的故事──中國人的孩子，一定聽過這樣子的關於絲的神話，我們嘗試著將它編繪得更美麗一點：

　　西方的天帝「少昊」的母親「皇娥」，原是天上仙女，在天庭裡負責紡紗織布，她所編織的每一匹錦緞，都極盡巧奪天工之能事，而這些絲布在完成之後，就有專司負責之神，將它們鋪掛在天庭的畫廊，這就成了空中流光溢彩的雲霞。

　　在天庭上，也有一位公主手藝高明，名為「織女」，最擅長為其父玉皇與天上宮廷織錦，但是在織女被許配給英俊的牛郎之後，竟因為沉浸於愛情之纏綣，而鬆懈廢弛了工作，令玉皇大帝極為憂心，繼而轉為大怒，於是玉皇以銀髮簪，畫出了一條銀河作為界限，隔開這對愛侶，又下令此後，兩人每隔一年才能相會一次，平常常只能隔著銀河，遙遙相望；此後，每逢農曆七月七日──兩人終於可以相會之日，好心的喜鵲就會結群在銀河上，搭成長橋，好讓兩人通行……

西方人眼中的
「賽里絲」
東方絲綢王國的豔光四射

尋求造絲貴人所在的「東方」

　　「……天堂就是存在於理想中的世界；但，人世間卻真有像天堂一般美妙的東西，那就是來自天邊的『賽里絲』的絲綢！為了貪圖這感官的享受，人們不避艱難險阻，只想往天涯海角而去，尋求絲綢，這就像夢遊，迷戀上了天堂一樣，無人能夠阻擋……。」（註42）

　　在西元前五世紀，約是中國戰國時期的古早，希臘史學家Ctesias指出一個位在東方的「絲綢王國」神話，在希臘文裡以「Seres賽里絲」指稱有個遙遠東方，居住著富足而長壽，嚴肅而奇異的神祕「製絲者」──中國老祖先的原始知名度，就是建立在掌握華美絲綢的高度神祕力量上，這個事實，古代西方世界充分認知。

　　一具屬於西元前十一世紀之前，古埃及時代的木乃伊，身上所穿著絲衫的發現，告訴我們，絲在中國的殷商時期（距今三千多年前）也已經是埃及貴族所愛，才會在他們生命中最重大的儀式──「死」的準備上，讓絲綢陪伴到來世。當然，如一般人所知，古埃

及文明對亞麻織品有著絕對的依賴，遠地而來的東方絲綢，必然稀有而極其珍貴，該被奉為聖物。

來自東方的奢華珍寶——賽里絲的絲綢，當然不會逃過敏銳無比的奢華饕客——埃及豔后的掌握，據我們所知，她也確是薄紗絲綢的愛用者。考證告訴我們，她雖然並非國色天香的絕世美人，卻是一位善用衣著飾品營造個人非凡魅力的奇妙女子，她更擁有以香氛，巧妙塑造令人難以抗拒的情境的聰慧；憑藉諸般以令人迷戀的超能力，她，征服了歷史上的統治者。

啊！這真是個燦爛美麗的夢！

「那賽里絲製絲者（Seres）與蘇美人一樣都派來使節，企圖尋求羅馬的友誼……」，羅馬歷史學家記載了紀元前一世紀之前，東、西方兩大巨頭第一次的官方接觸，依然，羅馬人以「製絲者」之名，指稱那大家耳聞已久的東方絲綢王國：我們的中國。

當如天上雲霞一般，瑰麗繽紛的絲綢錦緞，第一次在中國宮廷的恩賜之下，出現在羅馬帝國派駐管轄敘利亞的大將軍眼前時，美麗穿透人心的震撼想必十分驚人的，為美所震懾，乃至找不著任何語言足以形容的他們，只有齊聲大呼：「啊！這好比是親眼目睹了一場燦爛美麗的夢。」

　　「美妙」的力量何其大，瑰麗繽紛的絲綢錦緞之美當前，僅僅是視覺的震撼，那如入天上勝地，盡收眼前飛雲彩霞的曼妙，何止可以降服人心？！

絲綢──至美降服人心

　　羅馬凱撒大帝（相當於漢朝時代），曾經一次，身著來自中國的華麗絲袍至劇場看戲，據知在場的大臣當下為其華美絢麗而譁然！驚豔難忍，全部人都無心看戲了。此後，貴族競相仿效，華服絲縷開始盛行於羅馬，貴族人士無人不在絲綢上的衣著時尚大肆揮霍。

　　當絕色美感入目襲來，輕易的便可以教人激起對「美」無限的孺慕與遐想，甚至使高傲輕慢之心屈服，不只令人不敢輕瀆褻玩，並因而視之如神聖奇蹟，心甘情願的降服於它。來自中國的上等絲綢巧奪眾愛，在西元二世紀的羅馬，市場價格傲稱每磅十二兩黃金，價值已不下於金價了！

　　羅馬歷史並且記載，繼凱撒大帝之後，在西元四世紀之時，各階層的羅馬貴族少有例外的，大量消費從「東方」進口的華麗絲綢；羅馬統治者一度為了抑止人民過度豪奢，頒佈了奢華禁令，其中，絲綢，當然被列入禁制項目。羅馬

人慣於享受奢華人生，耽溺於物質之享樂；造成他們以奢侈頹廢聞名於世，這必定與他們揮霍在華麗綢緞上的大手筆，關係至大。

絲：流光溢彩的神聖亮澤

　　中國神話有一說法，絲，來自「天庭」，說它是流光溢彩的雲霞，是具有超凡「神聖」屬性的天上聖物；我相信，這必然與它的美麗亮澤有關，因為這個光澤是符合「天子」──中國皇帝身分的貼身聖物。

　　就在華麗絲綢的包裝之下，皇帝龍袍一上身，就如同發射出太陽的耀目光芒，展現「天朝」皇上的赫赫雄威，昭告天下人人都應當臣服於眼前的無限至尊。若我們回顧「龍的傳人」赫赫的整套帝王歷史發展，中國皇帝的龍袍，雖然不一定如清朝皇帝慣常使用的黃色，但不論是紫色（註43）是黑色（秦始皇崇尚黑，早期的西漢帝王也愛用黑色，註44），都因為運用了絲綢而有著亮澄澄的光澤，這光澤營造出帝王的至高威權，讓平凡的人們立刻自覺卑賤微小，俯首就拜；這光澤的威權，讓人就連直視都是想也不敢想的！

如詩之絲──中國騷人墨客的繆思

　　各個朝代著名的詩詞才子、文人墨客，總不免在絲綢無限瑰麗神采的勾引下，大興詩情，揮毫賦詩，歌詠讚頌；他們創作的眼光，更經常不禁折服於絲的熠熠亮澤，流連於那不管在明光下、月光下、燭光下，或者在幽暗之中的絲綢光彩；「皎若明月舒其光」，詩人述說絲緞的亮澤，一如月光。

　　白居易用一首詩來讚美「繚綾」（唐代特有的絲綢）獨特的、懾人的光澤，他寫道：「應似天台明月前，四十五尺瀑布泉。」這是說，用青與白色的絲線織成的「繚綾」，有著潔白的超凡亮澤，以大詩人的感觸來形容，就有如受到明月光照拂的瀑布！而它那豐富的紋樣質地，就像「瑞雪一簇簇」。（註45）

絲緞威力，豔光四射

　　在造物者這位偉大藝術家巧妙的設計下，蠶絲纖維呈現層層螺旋狀，因此對光的波長有著千變萬化的反射向度，遇光源形成了熠熠閃閃的優雅光澤，這是絲綢與其他自然纖維極其不同的細微特質。西方的美學家，公認它具有珍珠般柔美的亮澤質地，並且可以比擬其他珠寶的礦物性光澤。

一條細細蠶絲，通常由約一百個半透明絲分子所組成，有如玉石細柱，當光線投向它，遇玉柱或反射或曲折，在整塊絲綢布料上，錯落彈出柔和而閃亮的細細反光；尤其是光面絲緞（satin），在光源下發散出更為眩目的色彩與光澤。蠶絲很容易接受染料，在光線投射下，呈現萬般瑰麗而「悅目」的色彩效果，令人驚豔，回味無窮。

隋煬帝趁運河初開之際，巡遊江南，所乘之船，就以大片大片的黃金色彩錦作帆，形成了「錦帆百幅風力滿，連天展盡金芙蓉」的豪華景象。五彩繽紛的絲彩錦，在陽光與河水之間、光線反射烘托之下，煬帝的船隊升起耀目的光彩，鼓動龐大的氣勢，震懾人心的效果絕對可觀。

「當Parthian艦隊的船桅上，升起了多彩而光芒萬丈的絲旗幟，緩緩向敵方靠近時，光看到這些絲旗的威風凜凜，士兵們就已經畏懼不已，不但無力抵抗，更驚恐得紛紛逃亡，這升起絲布旗的Parthian艦隊，應該是令羅馬人首次見識到絲綢，發揮神威的事件。」一位西方史學家這樣記錄了他的想法。

絲綢的光澤，散放如神、似仙、超凡的天上神韻，絲綢的光澤，使色彩渾然天成，煥發瑰麗的美色與懾人的豪華氣勢，蔚為引人矚目的焦點；絲綢與光共舞的神性美學，應該是它與各個宗教神聖的肖像，各個文明的至尊帝王，權貴雅士之間，在在結下了不解之緣的最大因素。代表天主教至高地位的梵蒂岡，數百年來，從來就是絲綢錦緞的大客戶。

時代的色彩，五彩繽紛

五彩繽紛、斑斕絢麗、瑰麗奪目、前程似錦……，這些我們至

人嘆為觀止的超奢華逸品，不論東、西方，不論國度，它令任何人
──尤其自命不凡的大人物──只要一眼見到，就要大興渴望之
情，接著開始迷戀上癮！

再者，當人們一旦擁有、開始享用，就必定露出貪婪不易滿足
之心！同時，再會開始滋生獨佔的私慾，他的全面控制慾於是產
生，只想要它百分之百應自己的需求而存在（壟斷性、獨佔性），
它開始一味的自我尊崇（優越性、自大性），繼則，要求不准「競
爭對手」擁有、下令不准「下階層者」共享，造成不平等的排他
性；人性的原罪原形畢露，毫無隱瞞。

至美之物使人自卑又自私

是不是絲綢的絕美當前，不只令人窒息，這美麗竟然至促使人
心變得卑微，而至令人失去自信與安全感呢？一心只想獨佔絲綢的
各大帝聖王，就如其他人們，為行獨佔擁有之私慾，而百般設法控
制，就為排除他人於機會之平等──至美之物真使人變得既自卑又
自私！？

不過，顯然凱撒大帝另有真正的問題：供應源頭──東方的神
祕「製絲帝國」──不只位在遙遠的數萬里之外，那製絲帝國的統
治者，據說更早已將製作絲綢的珍貴知識列入國家機密，嚴格管
理；他們長時期的嚴密注意著自己國家的宮廷珍藏，小心翼翼的防
範它外流。許多史學家相信，對中國華麗絲綢的渴求，便是促使西
方的歐洲急於與東方那「賽里絲製絲者」建立關係的最大動機。

中國宮廷的絲綢神話

外交與權力運用的美麗大禮

皇權文化少不了它

　　「它與中國皇朝的神聖、百官貴族世家的尊貴緊密相扣，是製絲者之帝國，在皇帝宮廷中，祕藏的瑰麗珍寶……。」對絲綢的渴望，使中國這個「製絲者之國」在傳說中，成為古代西方帝國的羅馬人眼裡，一個極其富裕而神祕的人間仙境。古羅馬人長期的以為：絲綢的材料，來自「不可能見過的奇異植物」，誤以為絲是「某種樹的植物纖維」，他們並不知道，蠶絲是來自蠶兒分泌的蛋白質纖維。

　　絲綢，從皇帝嫘祖的故事，令中國的子民知道，它本是降落在帝王宮廷之內的尤物，也只有集聰慧，巧手與勤勞於一身的皇后，才能賦予蠶絲織成神聖而華美的綾羅綢緞的可能性；它的存在，與中國天子與皇室文化的尊貴神聖是無法切割的。

▶一百五十年前中國人為慶典而穿的華麗絲袍。（達志影像）

龍袍的威力

「龍的傳人」原先就是中國的天子。中國的皇帝，似乎從來就是在龍袍華麗絲綢的包裝下加冕登基；皇帝的龍袍不只是件上朝的大禮服，數千年來帝王文化的發展，已經將它定碼，「天朝」皇帝的龍袍，象徵了帝王的神聖權柄，身著龍袍的帝王，成為所有中國土地上的子民或天地間唯一的「天子聖上」，他是無上的至尊。

絲綢文化真是一份遠古老祖宗送來的美麗大禮，絲綢的威力給了中國人的皇帝，一項對內對外都足以威震四方的得天獨厚條件。極品絲綢產量原本就稀少，有史以來，中國古代皇族對這嫘祖傳下來的稀有珍寶，向來刻意保護於皇室中，將它限制於僅供「御用」。

由於皇室針對珍貴資產的控管使然，最高技巧的絲綢職人，必須確保禁錮在帝王宮廷中，為供給皇朝天子、后妃專用的羅紈綺繢終生效勞。皇室收納了大量絲綢佳作入宮廷寶庫，並且善加運用；對內用來神化皇權，建立國家禮節儀式，強化社會的階級與分際；國庫中的極品若還有餘，還用來作為賞與皇親國戚、諸侯朝臣與命婦的「皇上恩典」。絲綢是十足的犒賞大禮，是皇上表達「恩威並施」手段的好禮物。

當然，對外，我們聰明的祖先也巧妙運用炙手可熱的宮廷絲綢珍寶，贈予它樂於攀交的胡夷蠻邦，作為外交大禮、行使外交禮節，一方面用來宣揚中國天子皇朝的威赫聲威，一方面的用意，自然是為收攬外夷番邦首領之心，令之臣服，而願意向「天朝」歸化。

就因為絲綢華麗的奢華光環，泱泱大度的中國，令四方蠻夷百般滋生嚮往之情，發心前來進貢；同時，絲綢也教他們嫉妒垂涎，

祖宗，竟然就懂得穿著精緻的絲綢巧藝！？

　　我認為，對七千年前遠古的老祖宗，在舊石器時代就掌握精巧的絲綢技術，我們當應該大感神奇！如果依一般知識判斷，老祖宗在原始時代，手上拿的是石頭與獸骨製的工具，手藝不可能精巧；他們應當忙著躲避野獸以求生，勤於打獵以求溫飽。蠶絲是如此的細微，絲織品不僅細薄，尚且耗費細緻手工，其實一點都不實際。

　　三千年前，只有馬雅皇帝與貴族才有資格享用的巧克力，只是一份奢侈的飲料，它不僅不是填飽肚子的主食，還要費上各種繁複的準備工程，才讓人下得了口，同樣也很不實際；不過，它與絲綢一樣，都是令人著迷的奇特聖物。

　　當然，一切的問題可能在於，我們一向低估了遠古老祖宗的能力。因為無知，也因此我們很難想像，「美麗與精緻」，竟然能在遠古史前的生活環境中，找到必要存在的條件與價值。

　　我特別喜歡的一個神祕故事說，蠶繭與絲綢紡織，其實是另一高度發展的文明送給遠古老祖宗的一份大禮，中國皇帝何其有幸繼承它，並且何其有眼光的將它發揚光大，更在數千年間，發展出了精緻的「美的經濟」。

　　我同時也只有驚嘆的份！對絲綢文化的「起始種子」感到好奇的探索，引領我們進入一部滿溢華麗神跡的史前古中國文明史，而在這個過程中，自認為擁有現代知識與科學心智的我們，在溫習這部歷史的同時，所能做的，只剩下驕傲的光榮，不斷的讚美它、瞻仰它那極端非凡的奧妙。

絲綢古文化＝生活智慧

姑且不論是嫘祖或她更古的先祖開始的，這份也可能是華麗神跡所起始的美麗發明，在中國歷代先祖兢兢業業的經營下，數千年發展出來的蠶桑培育與絲綢紡織文化，絲絲縷縷是血汗與智慧的累積，憑著先進的技巧，精良的中國綾羅綢緞成品一路拔得頭籌，華麗的美麗之名舉世無與倫比。

黃帝所代表的龍山文化（中國北方山東附近），是一個善於耕種而且偉大工程師輩出的時代（時間約在西元前三千到一千五百年間），龍山文化因此擁有各項先進技術。他們嫻熟的運用「轉輪」製作陶器，尚且懂得燒窯製磚；夏朝的禹帝，不僅非常擅長治水，為了這個工程還「三過家門而不入」，他是位了不起的水利工程師。

皇后的天職

當然可以想像的是，嫘祖以皇后之貴，在偉大工程師們的協助下，以她的旨意發展了種桑養蠶與紡紗織布等一應更專精的技藝，開創絲綢文化的傳統，世世代代福澤了後人。

每年逢春，農曆二月開始，中國古代的皇后也就是一國之母，要率領群妃以及公卿夫人、朝廷命婦，遵照宮廷的儀節，依曆法啓動當年春蠶的孵育養成儀式，這是

中國文化與絲綢文化最為緊密的連結象徵；周朝的皇后或貴夫人，依禮還得親自動手繰絲，這是母儀天下的皇后天職。皇后必須代表女教的典範，激勵所有的女性子民勤於生產，精進紡織技能。

這個宮廷傳統，其實在日本沿襲至今，日本皇后一定依照行事曆，每逢春季，就要開始一番養蠶的年度儀式；連今日的泰國也保有同樣的傳統，春天一來，皇妃就要負責親自主持宮中絲綢課程的任命與開授儀式。

對於絲綢文化發展的讚美，如同對開創中國五千年文化的先祖面對生命、經營生活的智慧與英明成就，發出一連串的讚嘆。他們將這份遠古老祖宗送來的美麗大禮：絲綢文化，編入了中國豐富偉大的文化，就這樣開創了、美化了、也見證了七千年子子孫孫綿長的生命歷史！

絲綢經濟就是邦家管理的秩序

中國歷代輝煌耀眼的帝皇盛世，與政治上所象徵的強權威力，都不能不與當時綾羅綢緞巧奪天工的技藝發展，相提並論。國家機器對絲綢生產的管理，在古代已經充分展現於中國人務實推動美學經濟的可敬智慧中。

西周對絲綢的管理，就顯示了專業化的精密策略！ 官方以官營及民

營機構雙向管理絲綢生產事物，同時展開絲綢生產、驗收、儲存與發放的物流管理，官方機構並依照專職分工，有專精的「染人」專理絲帛染，「畫繢人」專司畫花與繡花的技巧。（註47）

官方擬定策略，要建立絲綢的高貴身分，鼓勵在邦國社稷的禮節儀式裡大量運用絲綢；不只在各種儀帳旌旗的使用上，都訂下以絲綢製作的規格，同時也制定了這樣的決定：王孫貴族每逢四時八節，都要依時令禮俗穿著絲織禮服；這些策略，高明的將絲綢文化融入高階社會的生活禮節。

另一方面，官方致力於在民間獎勵生產蠶絲，還設立專門管理品質與產量的各級對等單位；同時規定百姓以蠶絲納稅。如此一來，絲綢生產自然成為一項富國利民的國家經濟政策，也就是現在所謂的「全民生產運動」了。這個基礎，便是中國數千年產絲織綢的經濟社會的由來；不過，這個以精湛絲織工藝塑型，而廣受西方世界豔羨的泱泱大中國，令人難以料想的，在數千年後的二十世紀初期，竟然退化成僅僅是「生蠶絲供應中心」的命運！

絲綢表達敬禮的高度

諸侯們，不論覲見天子或為政治目的，互相參拜、集會或結

盟，「於情於禮」，都需要出贈大量的美玉與綾羅綢緞。以綢緞互為贈禮的風氣，在各個朝代都十分盛行：戰國時期諸侯之間送禮，光是絲綢，一出手就可能是千匹以上的龐大數目！

中國，古來本來就是個超級講究贈禮文化的社會！對贈禮儀節的行使且高度注重贈禮的大手筆自然可想而知；任何一個有身分地位、有影響力的官家，都得擁有特殊絲綢的生產控制權，一方面因為對「量」的需求可觀，一方面也在於其「質」的精美特殊與代表性，必須計較。畢竟，贈禮的獨到與稀有性，攸關身分與品味；再方面，贈出之禮在政治上就代表了自己的權勢與對方的相對重要性，更值得官家刻意講究的。

於是在皇朝之外，諸侯與官家，也自設起織室工坊，以便日日為主子織製絲綢布料、裁縫製衣；官家也延攬或培養技藝高超的匠人入駐，並使之代代相傳。就如漢朝的大司馬將軍張安，家裡幾代以來，都維持著近八百名專人的龐大織室工班；而這份大事業，通常交由官邸的當家夫人親自領班。

官府織室，必然有助於諸侯與文武百官在政治、社會上的影響力表達，當然，也必然是合乎生產效益的，可別忘了，絲綢就是財富！

劉備與諸葛亮統領蜀國之時，光靠「蜀錦」的生產與貿易，就足以

支撐龐大的軍事費用。西元前一年，漢朝有位名叫陳寶光的人，其妻就是著名的絲綢達人，她改善了自己的紡織機器，所以「只花六十天」就可以織出一匹布；這位女達人最獨家擅長的「散花綾」織錦緞，價值高達「萬錢」；大司馬將軍霍光與他的夫人久聞其名，於是將她聘請到長安，專門為官邸織綢，霍光夫人並且向她虛心求教呢！（註48）

從對絲綢的態度評量無道之君

相傳黃帝的後人，夏朝最後的皇帝桀帝，極其耽溺於逸樂，荒淫無道，他不只與所寵溺的妃子整日在瑤台嬉樂，就連寵妾愛聽「撕破的絲帛」聲音，夏桀也荒唐得應允。為了取悅她，他命人將宮廷寶庫中所藏的萬匹精美絲絹全部取來，一匹匹的撕破給她聽。相信這個故事要告訴我們的教訓是：對絲綢的浪費與不敬，就是為君者惡行的表現。

絲絹何其珍貴，如此豪奢無道之君，難怪終至滅國；有權享用此等奢華者應當珍惜，為人君者若一味揮霍，是非對錯不分，一定為天地所不容！這是從這個故事裡，子孫後人應該記取的教訓。

命的果實。上好的蠶絲光滑細長，一捻絲的長度就可以超過一公里。它是終日奮鬥飽食桑葉的蠶兒，將養分轉化而成的生命精華。

可別說蠶寶寶這麼貪吃，怎麼會永遠吃不飽？它是一款超級「生產機器」！且讓我們借來一頂工業經濟學家的帽子戴上，就「生產效能」來看這些蠶寶寶的生產力：它從早到晚不斷的吃吃吃，一心一意的啃食那些桑椹葉，不做別的事，只為了快速的滋養自己，快速的長大，好吐出那一條最好品質的絲。

養蠶人描述的場景：扁扁竹籃層層疊起一架又一架，填滿了整個養蠶房的空間，蠶兒雖然各自靜悄悄的專心吃葉子，但因為牠們毫不歇息，那集體行動、各自不斷吃著葉子所發出來的聲音，有如碩大雨點打在屋頂上所產生的極大音量。

牠的生命，似乎只有一個再明確不過的意義，為了快快造化那光滑細長的一捻長絲，牠因此像機械般不斷的工作。

最美春蠶絲

「春蠶到死絲方盡，蠟炬成灰淚始乾。」中國詩詞訴說蠶的生命故事是淒美、具高度哲學性的，因此，一切與絲相關的氛圍是詩意的、絕美的。

育蠶與種桑技術不可分割，我們夏朝祖先的「夏小正」，是百姓從事蠶桑織事的農民曆，其中詳

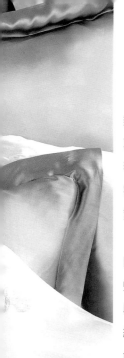

盡記錄了增進桑葉品質與養蠶時令的獨到智慧。夏、商、周朝都在農曆三月份，開始飼養新一季春蠶。因為夏季的高溫不利於蠶的生長發育，而容易得病，古代並且有嚴禁夏蠶飼養的法令；春蠶的絲質，因此遠遠比夏蠶品質來得好。

　　當絲吐完，繭造好，蠶子的生命其實只是暫時的結束。不過，這個結束，是它的生命幻化成蛹的必要之惡，當牠化成蛹、破出繭、交媾、產卵的程序才會啓動。蠶蛹在產完卵，完成生命延續程序之後，才快速的正式死去，此時，一個生命週期才算完成。

　　審視這個奇妙的生命工程，我們很想好好問：蠶的生命，是否真正等同於一個有機製絲機械？或者，每捻蠶絲只是蠶兒為了進入蛹化的階段、完牠生命循環的副產品？絲綢建構豐富了中國文化，自古給了中國獨家的絲綢財富，難道只是蠶兒生命的一個華麗意外？

　　現代保育人士熱心憂慮，認為蠶兒生命延續的天職，應當優先於這一捻絲的長度，因而提倡拒絕購買使用絲織品。

　　「若只為了延續後代而造絲成繭，那蠶兒何必鎮日啃食桑葉，只為了完美自己那一捻長絲？牠大可以像其他同類，只在需要時才進食，精簡牠花在創造那一捻細絲上的精力，其實牠只要吐出三分之一的絲，達成造繭蛹化都還綽綽有餘！這一捻絲，就是當牠被創造時設定的生命功能，也

絲竹就是音樂

絲的運用，除了織布製衣之外，中國古人還取用強韌的蠶絲線做成各種樂器的琴弦！這是「絲竹」成為古代樂器代名詞的由來。

當然蠶絲線還有更高明的運用，它可以製成弓箭之弦，也能製成「畫布」或寫書用的絹帛。古代出土的「帛書」，更是令人讚嘆不已，中國老祖宗已經把蠶絲的獨到特質，認識得極為透徹。

在詩詞的文雅意境之外，從蠶絲的物質特性進行深度賞味會發現，唯有來自宇宙偉大的生命工程師，才可能有這麼完善的智慧，與這般超乎想像的幽默。不論如何，對這整個生命鏈，我只有一個態度，那就是給予最大的讚美！簡單的說，就是愛它、用它、享受它、感動於它，一如尊敬偉大藝術家的創作！

民間生活
滿溢絲綢美學

織造民生的基本經緯線

　　中國以農立國，而中國人的農業社會生活，自古圍繞在「男耕女織」的社會倫常與傳統之上，女性的美德，就是稱職扮演織女的角色。所以，不論凡人或仙人如天上織女，都該有一副紡紗織綢、繡花織錦緞的好手藝，女性也因為這樣的勤勞不懈，而獲得美德的肯定。

　　織女、牛郎相愛受到懲罰，讓他們只能在七夕一年一會，這個民間故事我們耳熟能詳，卻不很願意懂得，兩人遭受懲罰，原來是要告訴老百姓：愛情耽誤了生產力──愛情的價值遠遠低於賺取麵包的優先！？不論如何，這個生命價值，可是連天上的織女仙子也一樣要奉行。不過，我相信長大以後的香儂必定要問：為什麼織錦的工作與難能的真愛相比，重要性高出這麼許多？

　　《詩經》容許我們探尋數千年前，老祖先在民間的生活美學，透過絲綢的視角，回溯古代民間生活，才令人恍然大悟，原來絲綢文化是編織古代民生基本的經緯線。

　　我們也終於了解，即便今日取桑養蠶的體驗，在台灣是兒童基礎生活教育中的必修課，蠶桑卻是中國倫理、文化經緯的根本。只有從絲綢出發，我們才能夠更加認識，古代以男耕女織定調的社會

生活秩序，與中華民族的生命觀、價值觀之間密不可分的關聯。

我們知道，整個絲綢文化是由好的農業技術——種桑，蓄養繁殖蠶種的技巧，加上湅絲、紡紗、染整織布、繡花等等一應的巧妙工法結構而成；這些都是民間百姓日常的工作與生活次序。

古書有謂：「一經一緯，一宮一商。」這個意思是，紡織絲綢時的經緯交錯，就像音階的諧和一樣美妙（宮、商是中國古代表示兩個音階之名，這是西漢司馬相如的體會），楊力先生認為：「必須像創造美妙樂曲那樣來精工織綢，否則，再好的繭絲不過是一堆原料」，中國絲綢織製的高超技藝，是以有如音樂美學的精神內涵，注入於編織製造的程序中。

在水中漂洗錦緞的景致，使許許多多的詩人、文學家，不禁詩興大發；四川錦江也叫濯錦江，江名係因染紗女孩在江中洗滌那知名的蜀錦而來；美人西施原是位「浣紗女」，在絲仍是纖維的階段，浣紗是個重要的作業，洗滌絲紗也叫「湅絲」（註51），在潺潺河水中搗湅絲，雖然實質上是民間平凡的勞動工作，「濯光江波」中的斑斕絢麗景致，卻令騷人墨客產生了足以興詩的「美的震撼」。

李冠毅先生得獎大作

　　古代民間的絲綢染坊，已經有了高明的植物性染料的染色技藝，這可真是五顏六色，繽紛雅致！他們並且依照節令，堅持在最適當的季節裡，採收新鮮植物作為染料，《詩經》裡便曾這麼記載：六至七月採藍草，五至九月採茜草；耕、織、染事，一切依照節氣時令進行。

大紅中國與藍色調

　　華麗的鮮紅色一向代表中國，早在周朝，中國人就足以誇稱為紅色大師，這個時期，光就大紅色來說，就有六、七種礦物、植物染料可以供選擇。秦朝有一位巨富，就因為開採丹砂染料的礦物，而成為了大富翁。

　　中國善用的紅染料，除了從茜草與丹硃而來之外，西漢時期張騫老遠從西域帶回了紅花種子，為紅色染料的來源再添生力軍；四川的「蜀紅錦」（蠶絲織品）便在這紅花染料的催生之下，成為天下聞名的紅色經典；唐朝以來，絲

綢之路的接通，又為中國絲綢增多了印度、中亞與西亞而來的異國香料色彩，紅豔得美不勝收！

除了大紅，藍色也是中國的另一種表徵。老百姓一向穿藍色布衣，地主商人呢，就穿藍色絲綢衣，靛藍色的染料作坊，在戰國時期處處開張；從蓼藍草到發酵酒糟，民間致力於萃取大量需求的藍色植物性色素；中國百姓原來就是蒼穹藍天之下，安分守己的皇朝子民。

極品絲綢只為上繳朝廷

私辦的民間絲綢織室，只要有上等製品與特級品，都要上繳朝廷，進貢給皇室諸侯與貴族。此外，官方還推動獎勵生產制度，容許次級的布匹透過商人出售，甚至貿易到外地去，這也為勤勞的百姓開闢了致富之道。在這樣的背景下，絲綢商人出現了，而絲綢由於價值如金，還常被當成貨幣使用呢！

國家經濟狀況如何，民生是否富足，絲綢的生產量就是洞悉一切的指數。春秋戰國時期的史料告訴我們，當時大半個中國，人人都致力於產製富有各地方特色的著名絲綢，而其他一小半沒有著名絲綢錦緞可引以為傲以資進貢中央的，就學著繡花手工藝，好在絲產業上不缺席，並且還要建

立優勢；就這樣，數千年間，勤勞的百姓都在絲綢的向度上拚經濟，產絲織綢，成為中國最美麗、最古老、最重要、也是最有經濟價值的國家產業。

中國絲綢文化與經濟，在歷代朝廷的獎勵中，取自人民，也融入民生；百姓的天命，就是兢兢業業的，或投身於蠶桑生產，或積極於巧奪天工的手藝，只為了讓各自代表性的產品，在皇上眼前大放異彩。

巧奪天工的最高級

織、染以及刺繡，是中國絲綢表現精美巧藝的切入點，這些手藝與技術，樣樣具有千年傳承，款款都是為了愉悅天子那雙高貴之眼。人人因此在工藝上立意爭奇鬥豔，挑戰最高級的手技工藝。

唐朝同昌公主有一床絲綢被子，那是一名叫做「巧兒」的十四歲知名巧匠所織就。她動用了可能是人間僅見、最為繁複細密的繡花工程；在繡製的各色花草中，除了繡上三千六百隻鴛鴦，為怕不夠精緻，還在其上綴飾了許多細微的小珠子。

「錦」是中國絲綢織品，也是綾羅綢緞之中最為華麗、名貴的一項，它以紡織的方式，配合紡織機表現創意與技巧；在古時，由於擁有身價如金的地位，它的成品即

便是絲，也要以金字旁來命名，這便是「錦」的由來。

　　蜀錦、宋錦、雲錦，並稱中國三大名錦，除了最年輕的雲錦只有六百多年歷史，其他兩種都是累積數千年的織品手技工藝。要欣賞中國的絲綢工藝傳統，入門者得從「湘繡、蜀繡、粵繡、蘇繡」中國四大名繡的高度開始賞味。（註52）

　　此外，少數民族歷史悠久的絲綢文化，也極其豐富華美，旖旎迷人。不論回錦、魯錦、苗錦、瑤錦、侗錦、傣錦、壯錦、黎錦，每個民族都擁有非常耐人尋味的獨特織品風格，因為這項工藝的創意，原是來自生活與各自的獨特文化。

　　說來，時代精神與時代環境的變化，真是詭異難測！這些精美織錦，刺繡的樣式，數千年來陶醉在宮廷的繁華縟麗中，拘泥於守成不變的傳統下，姿態因此衍生為脫離人生的冷漠，風格也陷入過度矯飾的匠氣格局；另一方面，它與現代人全面西化的生活與衣著基礎，與流行時尚的美學、設計形式與功能面向，處處出現極大的不相容性。這些巧藝所產生的大量華麗作品，在二十世紀以後的時代，只能成為紀念品、民俗工藝品或準美術館收藏品！

衣絲綢有理

　　因為中國自古獨家掌握了高度發展的絲綢技術，這個文化，一開始便特別強調「衣」的重要性。食、衣、住、行基本民生四大需求的排序中，「衣」的優先權緊追著「食」，「民以食為天」可以佐證這個道理！

　　如果說，食物是延續生命不可或缺的燃料，衣冠服飾呢，就應該是延續生命不可不有的形體禮儀！有史以來，中國透過對絲綢技術的掌控，一直就是個講求精緻衣著文化的帝國。婚禮、人生有

成、老年作壽與喪葬，應該是殷實老百姓僅有的「衣絲綢」合理機會吧。

在中國，「衣」，是階級分際，「衣」，是生命禮節，「衣」，是為人之道、是綱紀倫常；封建社會的階級制度下，出了王宮貴族之家，一般百姓是不配穿戴絲綢的，殷商時期就連富裕商人都不配擁有呢！（古來中國商人的社會地位，明顯低於農人與工人，富商並不具備權力的資格，也因此不具貴氣）。

絲綢語文美學

各位讀者，可有興趣用古代語文說說「絲」、「綢」？相信你必定感到有趣：「絲」的古音是Si，絲的織物（綢）被稱為「繒」，發So的音，SiSo就是絲綢；與今天的白話發音相去不多。而今日日文用語，則與古代稱名完全一致，絹絲服飾就叫Oso（御繒）。

全世界各種語文，在「絲」這個字上都以「S」之音發出，東方製絲帝國早在幾千年前，已經讓全世界為它的絲綢著迷，不論時代、文化或民族，竟然沒有人不喜愛它！

今日我們經常使用的五千個繁體中文字，與日常普遍使用的白話之中，處處可以尋得「絲」的蹤影。至少其中就有百分之五的文字包含「糸」的元素；然而，更教人激起遐思的是，「纏綿」、「繼續」、「綢繆」、「繾綣」、「糾纏」這些表達細微感情、抽象情愫的字眼，都與絲（糸）字有關聯。若有追本溯源的些許雅興，應當能在中華語言文化的古遠源頭，發現絲綢文化全面相互交織的線索。

追憶絲綢
西去的倩影

東西方文化與精神文明的交會

絲綢強權Silk Power

獲得「東方的神祕製絲」者所產製的絲織品，談何容易啊？

伴隨西方羅馬帝國的富強，對中國最華麗絲綢的渴求也不斷升高；然而，隨著中國朝廷刻意的禁制，從西方傳來的對絲綢布匹、種桑、養蠶與織布技藝的渴求呼喚，就更加的提高。 絲綢這「神祕的帝王寶藏」，使中國在西方世界的認知裡，就是東方可敬的強權霸主。

羅馬皇帝大流士的使節，在西元一六六年出發，取道波斯灣，終於在經過四年多不間斷的長途跋涉後，如期抵達中國，這是羅馬帝國與中國首次正式接觸的紀錄。這個時代，正當是羅馬帝國的盛世；我們不能說，此次羅馬與漢朝接觸的動機，就是為了確保絲綢的供應，但可以確定的是，獲取絲綢的來源，必是最大原因之一。

絲綢外交

我們也知道，漢朝對當時的西域歸化，與通向羅馬帝國的通商

途徑，是十分重視的。以羅馬為目標出使西方，一批又一批的中國外使，也總是投其所好的，配備了許多匹珍貴的皇室絲綢作為大禮；在漫長的跋涉途中，這些寶物總是極容易遭到打劫。

西漢武帝時代派遣張騫出使（西元前138~前119年期間），以打通西域為使命，雖然他經過多次的努力，歷盡艱險，仍然無法抵達羅馬，然而絲路終於完全開通一事，張騫是必得歸功的第一人。

漢朝開國之後的四百年黃金時代（西元前206年~西元220年），循著這條開通的絲綢之路，絲綢外交與貿易，成為中國從鎖國進入國際化功不可沒的推手。

羅馬人對取得絲綢的殷切期待，再加上絲綢貿易獲取利益的誘惑龐大，中國朝廷再多的禁令也抵擋不了絲綢西去的趨勢；利字當頭，向來勇於冒險的貿易商，往返於東西之間，嫻熟的從事絲綢外貿的走私活動。

經由西域將絲綢貿易到西方，早在戰國時期就已經開始。中國絲綢在秦漢時期，產量已具有相當規模，推估，將織好的多餘布匹行銷國外，取得利潤與財富的對外貿易，應當是符合中國朝廷的利益的——只要能將蠶種與養蠶種桑織布的技術持續的保密。

張騫以來，這個源源不斷向西方輸出中國華麗絲綢綿緞的通道，正式成形為「絲路」。「絲路」東起漢朝時期的首都長安城，最西邊的端點就是「大秦」——羅馬帝國，相信當時這應該不是漢武帝的真正意旨，但是，絲路實質上達成了的，或者說，是為西方開啟了夢寐以求的東方。

絲路全長七千多公里，代表了長達四年的旅程，這途徑穿梭過大片大片黃沙茫茫的大沙漠，與皚皚白雪的高山；不過，絲路其實是由一個個可以供給食宿、休息補充的綠洲，所串連起來的行旅路線。它是條隱形的路徑，可別以為它就如畫在地圖上，像緞帶般的

一條綿長公路！唯一使絲路得以現形的主角，其實是一隊又一隊載運寶物的驢子與駱駝商旅！

絲路上，倒很少有真正走完全程的商隊，為了商旅的效率，整條路上，各地人馬組合成馬拉松接力賽一般，各自負責將貨品運到下一站，交棒後，商旅再返回原地準備再次出發。就在「絲綢之路」的漫長路上，新疆西端的疏勒成了東西貿易的匯集中心，疏勒這個名字還就是「絲綢市場」的意思；絲路上以物易物的市集，讓東、西兩大帝國之間，開始了活絡的互動，就在這個繁華的市集上，西方與東方交換著天下各地難得的奢華貨物。

不過，雖然我們時興用絲路（Silk Road），來描述將絲綢貿易到西方的路徑，真正在這路途上往返了千餘年的商旅，對「絲路」的名稱並無所知悉，張騫更從來不知此名；這個名稱直到十九世紀末才由一位德國地理學家李希霍芬（F.von.Richfen）提出，之後在西方學者針對東西文化交流，考古探索的熱潮之下，Silk Road才開始變成了專用語。

西方學者並且普遍認為，透過絲綢西去的貿易潮，讓東、西之間達成交換、分享、傳播的，除了物質文明，還包括文化與精神文明對雙方所帶來有趣的衝擊與各種影響。

唐朝仕女的胡風時尚

唐朝仕女穿著半透明的雪紡絲布料，露出頸、肩與上半部的酥胸，臉龐上著「胡式」的胭脂，這是楊貴妃式的唐朝美人典範。

在大唐盛世的富足社會中，貴族名門女仕，雖然得以盡享中國絲綢華美精緻之極品，卻對透過絲路從西域傳來的「胡風」化妝、衣著裝扮更覺新鮮，就也因為新奇令人渴望，唐朝仕女熱中於追求

繡場／方岑提供

異國風情服飾與裝扮，「胡風」蔚為流行時尚；透過絲綢之路的交流，中國文化發展就自然國際化了。

當唐朝向歐洲大量輸出最具代表性、最為華貴的「蜀錦」，「聯珠紋錦」也在此時從波斯傳入中國，這精彩的布料，在仕女時尚圈可謂風靡一時！這美麗的波斯聯珠紋錦，當時可是極為高級的外國貨、不折不扣的舶來精品呢！為了它，中國職人花了近乎一個世紀時間，才趕上織製這種精美布料的技術。（註53）

絲綢貿易

漢武帝是位特別重視對外貿易的傑出國家領袖，當時為了運送綾綺絲綢等中國珍寶，他所建立的對外貿易途徑，還包括了現在被稱為「海上絲路」的南海航路；武帝除了諭令張騫向西域開通了路上絲路之外，同時也令直屬於宮廷的船隊，開始了南亞地區的貿易活動。絲綢與黃金，為武帝換回了大量的寶石與珍珠。

海上絲路的商業活動，在南宋以後變得更為繁忙，在鄭和帶著龐大船隊下西洋的明朝海上貿易活動中，中國著名的華麗絲綢，一貫保持著令西方與各國皇室貴族垂涎不已的名貴身價。

印度、波斯王國、阿拉伯地區、東羅馬帝國，出了中國首都長安往西行，除了西域、蒙古、新疆等大小「西蠻番邦」以外，往中西亞、南亞至西亞、南歐與埃及，每一個國度，各個文明都對學習種桑養蠶與取得織造綢緞的技術，有著高度興趣或野心。

查士丁尼大帝的蠶子密使

在中國將蠶種與養蠶種桑織布的技術高度保密的背景之下，任何有利於取得的手段，都會受到西方帝王的鼓勵。東羅馬帝國查士丁尼大帝時代，中國尚在唐朝時期，傳說，二名僧侶從中國「偷渡」蠶卵與桑樹種子，將它藏在中空的手杖中出關，獻給查士丁尼大帝；此後東羅馬帝國拜占庭，才有能力自行產製品質接近中國的上好絲綢。

東羅馬帝國還曾經為了撇開波斯（波斯商人擅長於仲介與中國的絲綢貿易，在轉手之間套取高利潤），企圖直接與中國交易，因而在六世紀時爆發了一場大戰，這場仗一打二十年，西洋歷史上稱它為「絲綢大戰」。

美迪奇家族統領的托斯卡尼大公國首府佛羅倫斯，則演化成為歐洲最重要的絲綢織品紡織中心。十三、十四世紀，中古的黑暗時期逐漸過渡後，威尼斯以聯繫中亞放眼西歐的海港地利條件，與「威尼斯商人」善於貿易的能力，已然成為西方商業與經濟首埠，它的主要貿易項目，就是來自中國與波斯的絲綢與生蠶絲。

絲綢不只造成繁榮，也創造了資助文藝復興的財力來源。在義大利文藝復興時代，絲綢文化因此成為貫穿當代藝術、宮廷文化與民生風貌的關鍵性元素，也使義大利躍升為中國絲綢的可畏競爭對手。

應歐洲、帝俄皇室貴族製作華服時裝、裝潢宮殿室內的必要奢華品。

當時，翡冷翠的各個織布廠家，習慣在擅長織造的各色織品之上，以一枚代表性花朵紋樣作為城市的印記、簽證；這紋樣代表了翡冷翠精緻絲綢紡織文化的高品質，同時也等同於城邦尊嚴。（註54）

發掘翡冷翠古城的寶藏

在我眼中浮起了波提且利畫中的宇宙：《女神維納斯之生》（Birth of Venus）與《春》（La Primavera），他在畫作裡大量採用的雪紡紗（絲織品的最薄版本）飄浮在「完美的女人」神的肌膚之上，在絲雪紡的呵護襯托下，畫中維納斯演繹著文藝復興時期，翡冷翠藝術家對女性「超凡之美」的眼光。

這個處處嗅聞得出古色古香的義大利古城，不只與歐洲代表性的繪畫、建築大作的淵源至深；它在早期文藝復興時代，在托斯卡尼大公國的建樹之下，已經成為歐洲最富裕的城市，它有著善於金融銀行業、紡織，經商的貴族世家與中產階級商人，雖然當時的社會風氣十分重商，富裕權貴之士也不忘積極將財富投入藝術的贊助上，城邦對精緻生活的重視，激勵了蓬勃發展的工藝百業，巧匠輩出，連專業香氛達人，都擁有藝術家等級的地位，被盛讚為「文藝復興」的發源地。

在這古雅標致的城市，一方六百年前就形成的空間中，我慶幸自己有著不能入眠的騷動，我高興得大方放棄無聊的睡眠，出房四處一逛；才走下幾疊古大理石階來到門廳，便發現掌櫃處守夜的，剛好是位老人家，更好！因為想一解關於此地織製美麗宮廷綢緞的

好奇，或者，能就文藝復興時期傳承下來的工藝盛事，摸索有趣的訊息。於是乎，我玩興大發，想透過這位翡冷翠老者的精亮之眼，透過他的祖先傳下來的記憶，挖掘寶藏。

果真老人家樂意的細說！這個叫做大紅門的旅館，一度就是大公國的七大商業公會之一：絲織業商會（Guilds）的俱樂部，而大門玻璃窗上的彩色玻璃鑲嵌徽紋中，紅色絲緞帶，象徵著繫綁裝著的進口蠶絲布袋的管理機制。「專司保護絲織產業與紡織藝匠的聖人St. John the Evangelist雕像，就站在那裡幾百年了，」老人家再指向另一方，繼續說：「以前的絲綢女織人作坊與各個絲織公會會址，也匯聚在那座教堂附近……。」

「看到邊上那具鑄鐵雕塑獅子沒？那隻獅子睡著了，那就是……鴉片中國，我們希望牠就這樣呆著，不要醒過來。」說著說著，老人家竟然擠著眼睛，似乎特為享受著自己的這段話。我並沒忘記，自己適才在那獅子的頸頭上，赫然還見鐵鍊圈縛的景象；頓時，我感覺失落，究竟無法了解……。

十九世紀的中國，在帝國主義勢力的壓迫下，對全世界開放貿易，也因此中國外銷的生絲數量在世紀中葉的十三年間，暴增了一倍，但是，這些生絲的銷售，卻遠遠不足以折換當時向外國購買鴉片的支出！

由此可見，數百年來，義大利與中國在絲綢織品上，存在多番激烈的競爭，彼此交惡的程度不在話下。但是這絲綢的商業競爭，雖說物換星移、歷經數百年演變，環境已大不相同，然而就在人們心裡，仍然遺留著這樣的對立情結：只是這到底是私人恩怨情仇，還是不斷的政治災難，或是永遠的民族歧異使之？

翡冷翠老人家在我的思緒中，一點一點的隱去，然而，城市處處的絲綢記憶，卻一絲絲的添加回去。

絲綢嫁妝的多種風情

幾名女子的華麗婚禮準備

母親為女兒作嫁的華麗絲織品

一日，我與日本好友 Riko，將為她的婚禮與婚後生活所準備的好幾個箱櫃的絲織品和服，一件一件的、扮家家酒一樣的翻出來看，這是她的母親從她成年開始，每年趁機為她訂製來的，連孕婦服都有了；其中一件禮服至為教人驚豔，以中國藝術品等級的緙絲織品 （註55）作為腰封，那是講究中的講究！母親的愛，嘗試著容入為女兒準備一生一系列美麗和服的深思熟慮中。

日本保留絲織文化的大美

日本人風靡流行時裝的知名度，全球至高，今日，他們是全世界消耗最多金錢購買進口時裝與名牌奢侈品的民族；不過，日本人最貴的服裝，一向還是日本的國服：和服Kimono，這是從向唐朝仕

▶ 圖片提供／corbis

女學習而來的絲綢唐服演化而來的。

純絲的精製和服，從織布開始，一切設計徹底的講究意境，容詩情於織品的藝術，是表現絲綢工藝絕技的挑戰，每件和服的織品設計，都是一首美麗的詩篇；而腰封（Obi），則是整套和服設計的美學意境的濃縮。

絲綢技藝傳到朝鮮比日本的時代要早得多。在殷商時期，隨著外移到朝鮮建國的箕子定居立國所至，蠶絲則隨之傳至今日的韓國。絲也在秦始皇時代（西元前三百年左右）傳至日本，日本的蠶絲織品，中國以「倭錦」稱呼，它原是毫不起眼的小學徒。

日本文化向唐代的中國，擷取許多養分的根源，尤其是絲織品的織製技術；從來，日本虛心的向中國取經，不斷的學習，一直到十九世紀，日本在品質的部分已經完全超越，逐漸成為中國最猛烈的絲綢競爭者。

在日本矢志競爭的壓迫下，中國不僅退化成世界的生絲「材料」的供應商，就在一九一〇年，連量的方面，它那世界第一的生絲商地位，竟然也被小小日本取而代之！之後，日本藉著對中國的侵略戰爭，大肆摧毀各大絲廠，加上三〇年代的世界經濟大蕭條（1929~1932），各方面的打擊與影響，雪上加霜，使中國一度連生絲的外銷能力，也幾乎淪落到崩潰的境地。

只要義大利的華麗絲綢

　　北京土生土長的Joy宣布了喜訊，在盛大的結婚典禮之後，她將很快的成為一名英國銀行家夫人；從此以後，她將進入英國高層社交圈，至少在物質生活上，勢必與西方高階社會接軌；因為夫婿威廉的身分地位，她這個年輕妻子，可有許多西方社會儀節與標準要學習，要調適……。Joy說：「在這方面，威廉告訴我，從此以後，一切就只用大家公認的『最好的』準沒錯！」

　　於是趁著來到巴黎，我肩負起友好的責任，為她鎖定了幾個名設計家訂製服工坊準備著，其中之一，將要為Joy縫製超華麗婚紗禮服，替她打造一個世紀婚禮，一場在她眼裡，唯有透過許多件最昂貴、華麗的新娘禮服與宴會裝，才能夠向全世界正式的隆重宣告，一個中國女子就要展開的美好人生。

　　這位中國姑娘一向實際，「我可不要嫁個人就只懂得打來一床錦緞被子（當作新生活開始）的人！」於是她決定，與中國青年的戀愛必須停止。而今喜事當前，務實的Joy只管陶醉在那場奢華婚禮的美夢情境之中。

　　「在北京舉辦的那場宴會，我的伴娘個個都要穿絲綢禮服。」Joy對婚禮的期待，的確已經造好一個大夢境，就像每個美國女孩都愛做的夢一樣……，這夢看來，早已經被訂製成一場純白而唯美的婚禮神話了：「給我自己的，全部都要法國訂製服的手工，不

管用法國里昂或義大利來的料子，反正都要是歐洲上等的才可以，就像他們古時候的皇后那樣奢華。」

　　Joy尋求名家設計師，對為自己即將來臨的輝煌人生採集風格的這個大好機會，卻不感到興趣。「還有，我要給我媽選最豪華的金色鑲珠繡的Silk Dupioni（雙蠶絲，註56），那一碼就是要上百鎊那麼貴也沒問題，一切就都要最最奢華的材質，細節，從頭到腳的，大件小件整個配套好要緊。」

一通通的電話追蹤，她急著整理出首選要件，好再進一步決定選上哪家訂製才好；喜孜孜的她難掩得意的說：她的威廉告訴她，因為她是絲綢的國度——中國嫁來的美麗新娘、「一切都要用最好的純絲綢，不過最名貴最上乘的綢緞只會在佛羅倫斯，或在科莫，在法國就是里昂出廠，他們只會在巴黎、倫敦還有比佛利山莊的設計家訂製坊裡出現，絕不在中國！」

　　在里昂博物館所見的那幾匹美到驚人的少見的絲綢創作品，此刻生動的浮現在眼前，它是一件現代織品藝術；我看著賀曼（LECORNET HAMMET訂製服設計師）在訂製坊內，讓助理取來的一匹義大利廠織造、美呆了的骨董玫瑰色純絲泰妃塔綢（Taffetta），光是料子，素面的就要價每碼三百二十美元，另一匹超美鑲水晶鑽提花綿緞，也是義大利廠織造，純白至美，每碼要價五百美元；角落上印度出產的雙蠶絲就稍稍便宜了些，一碼兩百美元以下都買得到；賀曼與其他挑剔至極的Houte Couture設計師都一

樣，只用歐洲織製的絲綢織品，雖然這些絕大部分用的，是中國外銷來的生絲。

我心裡不禁納悶，難道最高級且超凡的美麗絲綢，都不可能在中國出產了嗎？

中國公主遠嫁西蠻的絲綢嫁妝

回想兩千多年前（西元前一百多年），漢朝為了抵制匈奴，而多次進行「和番」（與西域地區「番邦」建立友好關係的外交工作）；朝廷也進一步發現，華麗絲綢這項珍寶，就是足以成為降服蠻夷番邦，使之發心前來進貢的絕佳誘因。

在這樣的背景下，漢朝的解憂公主奉父王之命，成為第一個下嫁到西域的漢朝公主，傳說當時，烏孫國王囑咐使者，在迎娶之前傳送密訊，希望能夠透過公主，將歷來朝廷嚴守不可外傳的桑種、蠶種，祕密的偷渡出來；聰慧的解憂公主善解其意，便將種子與蠶繭密藏於嫁衣與絲絹帽子中，如願的達成了夫家的使命。

就為蠶桑絲綢，向中國朝廷求娶公主，成為西域引進蠶桑絲綢的便利法門，也開啓中國將公主遠嫁西蠻的傳統。有了來自漢朝廷的公主作為國母，緊鄰中國的西域，才開始有了優質的蠶種與桑種，中土積累了幾千年來的種桑、養蠶紡織的智慧與手藝真傳，至

此漸漸的傳播至「化外之地」。

而有了優質的絲綢，代表的除了文化、儀節的漢化與精緻文明化之外，更重要的是，掌控了西方高度渴望的高價值商品的實力。

改穿絹絲，便是可貴的漢化

西元七世紀間，唐朝文成公主在吐蕃國王（今西藏的先祖）的求親下，奉唐太宗之命，嫁入雪域高原的藏族社會，文成公主為西藏帶來佛經、漢書、中國禮教、五穀糧種、農具與藥材，也帶來了桑與蠶種以及紡織工藝，她的貢獻影響藏族文化甚深，至今藏人傳頌千年。

「脫掉氈裘，改穿絹絲」，吐蕃國王松贊干布在迎娶了文成公主之後，衷心的孺慕中原文化，不只屢屢派遣貴族弟子到「長安國」學讀書，並且接受唐朝的官爵封號為「西海郡王」；「改穿絹絲」，也就是改穿了唐朝的漢式絲衫，便是具體的漢化，也就等於高度的文明化，國家、民族的幸福也就近了！

中國公主的婚姻與絲綢糾結一處的奇妙因果，完全超乎我們想像所能及的偉大。

眞正珍貴的幸福乘載在居家裡

等等，比比那匹最近才為敏敏Tuscania新居的寢室，選定了的一疋骨董綿緞Genoa，它是大花大草紋樣、織銀紗挑、絨絲面的湖綠純絲綿緞，要價每碼接近美元千金！在這兒，我們就超支花掉了裝潢費用的全體布品預算，不過對這個令人興奮不已的決定，我們都完全滿意。就因為織出那超美Genoa的織機也是個骨董，往後的

些裝束若一次訂個數十套也不為怪。此外，他們仍然不會忘記，另外要將所愛的純蠶絲做成絲襪、內衣褲。

西方人對物質善盡享受的能力，畢竟比東方人強烈許多。當中國人與日本人仔細地將他們的華麗絲綢禮服摺疊收起，等待再一次耀目的出現在眾人眼前時，西方男女的腳上，隨時穿著昂貴的純蠶絲製成的絲襪，身上以蠶絲內衣貼身包裹，扎扎實實的讓自己的肉體，因為它貼近的觸感而感受到通體舒暢的奢華。

絲襪、絲綢內衣與睡衣寢袍，這些歐洲貴族得意歡享的絲綢奢華，一直到尼龍人造絲的新發明，作勢以絲的替代品的身分出現，才暫時得以在人們心中取代絲的千年風華；不過，很快的，雅好物質享受的人們，在體驗了尼龍以後，已經充分明瞭，絲綢的美麗蛋白質是肌膚享受的最高級，這是無法取代的絕對。

今日，絲綢終於被公開的看好是「可穿的性感尤物」，這可能還得歸功於代言性感的海夫納（《花花公子》雜誌創辦人），一向賣命的認真歌頌著，訴說純絲內衣與Pajama的Sensuality！

一方面我試著觀想，絲綢衣物，從來是如何的善盡禮讚古來中國先祖們區區血肉之軀的高貴職務；是否他們的確在貼身的享受上，在身體的感官得到的和諧、舒適感上，感受到這份蠶子生命精華所帶來的奢華？這份美麗，可有機會透過肌膚感應至美的驚喜，滲透入心靈？

從中國祖先傳統服飾與貼身內衣的剪裁式樣看來，雖然絲綢無處不在，伴隨著每一個帝王皇后、王儲公主的出生、婚禮、生命期，葬禮，甚至他們死後的來世——更尤其當他們創出造輝煌成就、在生命中觸及另一個華麗高峰的時機裡，絲綢必定上身，代表歌頌超凡人物的美德聖意；然而我懷疑，製絲帝國高貴的子民，很可能僅只在「視覺」的雍容華貴上，在「外觀」形象的莊嚴禮貌

上，便得到絲綢華服充分的滿足。

繁華落盡，絲也滄桑

　　伴隨著強盛帝國的繁華落盡，天子朝廷與貴族精緻文化的殞落，中國瑰麗的絲綢神話一併墜落；千年絲綢古帝國的瑰寶，隨著工業革命、全球市場經濟化，以及消費奢華的普遍化，落入凡間尋常百姓家。

　　那「絲綢的創造者」，遠古以來的「製絲大帝國」，雖然並不曾消失，暫時還能夠以全球近五成的龐大數字的供應量，佔據規模，與中國第一的美名同時存在著；但是，它的多產與氾濫銷售抹殺了絲綢瑰寶的珍貴氣質。這件事實，將人們渴望擁有高貴稀有之物的激情，消靡殆盡。輝煌了數千年，「製絲帝國」燦爛綺麗的形象正在消亡中，猶如你我美麗萬千的一場中國之夢，醒來之際，在眼簾上逐漸的退去。

它，怎麼就變「俗」了

　　走遍世界各地，處處都可以輕易的在二、三十美元的價位——也就是購買棉質T恤的價錢——獲得一件中國製造的絲製衣裳，極其廉價而普遍。在人們的意識裡，中國製造的純絲衣裳，所代表的不再是高貴，不是文化的精緻，卻是「廉價的必定」。

　　中國絲綢，竟猶如……一名不知何以墜入「俗境」的絲綢貴人！

　　這番際遇令人不勝唏噓，盼望有朝一日，能夠重新回復中國絲綢百般傲人的高貴。

達人專區

緙絲——是華美的美術館典藏品

「緙絲」也稱「刻絲」，它是中國獨有的一種傳統絲織工藝。「緙絲」工藝產生的年代應不晚於唐代（西元618～907年），宋代時（西元960～1299年）達到鼎盛階段。花紋正反兩面如一，色與色之間呈現出一些斷痕和類似刀刻的效果，工藝極高，歷來被譽為「雕刻過的絲綢」。緙絲能自由變換色彩，特別適合製作書畫作品。緙織彩緯的織工需要有一定的藝術造詣，是已臻藝術作品等級的絲織文化。紅樓夢裡，曹雪芹寫王熙鳳愛穿緙絲，在黛玉進賈府時，見得她身上穿的就是「五彩刻絲石青銀鼠褂」，在見著劉姥姥時，王熙鳳又著了「石青刻絲灰鼠披鳳」，從此可看出王熙鳳的極高品味。

典型紋樣：

題材包括人物、山水、花鳥等。

生產中心：

清代（西元1644～1911年）開始，緙絲業的中心逐漸轉移到蘇州一帶，其工藝技術和產品種類都有了很大的提昇。

蜀錦

蜀錦是最老的織錦傳統，早在戰國以前，中國就有了這等要求高超技術織造的布料。大

辭賦家司馬相如與才女卓文君的愛情故事中，絢麗多彩的蜀錦可扮演了相當主要的角色。絲路所出土的唐代織品，絕大多數是蜀錦，可知當時西方人對唐絲綢的認識就是蜀錦，也可知它是唐朝餽贈外交的重要禮品。日本專家視蜀錦為唐朝絲綢的代表。日本正倉院與法隆寺至今仍珍藏著諸唐蜀錦多件。

典型紋樣：

唐代蜀錦中的團花紋錦、赤獅鳳紋錦較有特色。清代蜀錦受江南織錦影響。至今蜀錦仍沿襲傳統的梁色熟絲織造法，圖案有流霞錦、雨絲錦、散地錦、浣花錦、方方錦、鋪地錦、條條錦等種類。

生產中心：

蜀錦，產於蜀郡（今四川成都地區）；自從蜀地和中原地區相通以來，織錦工藝大興，品種和色彩紋樣也很豐富。諸葛亮曾以蜀錦作為國家重要物資而加以發展的有益策略，使之直到唐、宋、元各代都很發達。

宋錦

色彩風格：

米黃、藍灰、泥金，湖色…色彩多用調和色，不用對比色。高雅清淡，古樸含蓄，古舊儒雅的宋錦，是近代中國織錦風格代表。

典型紋樣：

「八答暈錦」、「官誥錦」、「臣僚襖子錦」、「廣西錦」是四種各具風格的官方指定織

錦，成了宋代的典型紋樣，表達出當代人民對生活的理想與願望。

生產中心：

蘇州。經過明朝的戰亂動盪，影響所及，蘇州最佳的宋錦織藝已經大量失傳，在清朝期間，才從外地重拾足以部分恢復千年古錦面貌的裱帖。「陸萬昌」蘇州織錦廠與「李萬隆」作坊以「仿」宋錦，據說質量最優。

宋錦於明末逐漸失傳，清初才恢復。蘇州仿宋錦，分大錦、小錦兩種。其中大錦又稱「重錦」，主要用於裝裱和裝飾品；小錦又稱「盒錦」，爲製作錦盒和裝裱小件。

雲錦

南京雲錦因其絢麗多姿，美如天上雲霞而得名。雲錦的製作要求很高的技藝。從元朝開始到明朝，雲錦織室一直是僅供皇家服飾御用，專爲皇帝龍袍、皇后與寵妃的裝束而織製，所以更需彰顯神性大氣的特質。

色彩風格：

皇室瑰麗，金璧輝煌，燦爛耀眼，如：銀紅、妃紅、寶藍、古銅、沈香、青蓮、古月等，彩絲中慣於加上許多金、銀線。

典型紋樣：

纏枝蓮花、纏枝牡丹，折枝三多，紋樣大花大朵。

生產中心：

是江蘇省南京地區的特產。

專用名詞 GLOSSARY

奢華至極的絲綢，由於大抵來自西方的織品布料設計，因此它們都有法文或義大利語的名字，以下列出其英文名詞，頂級絲綢布品賞味行家不可不知！

■Crepe de Chine 廣東縐紗

■Ombre Silk 漸層變色絲

■Shangton 山東綢

也就是柞絲綢，山東是柞蠶盛產之地。100%純絲絨在坊間極爲稀奇，一般會以18%純絲混合82%羅縈織成絲絨，方便在布上燒出絨花紋樣。

■ Silk Brocade 錦緞

■ Silk Charmeuse 軟緞

■ Silk Chiffon 雪紡絲

■ Silk Georgette 喬其紗
（一種薄而透明的硬挺細紗）

■ Silk Gauze 薄絲素紗

■ Silk Jacquards 絲提花織物

■ Silk Moire 雲紋綢（一種有波紋的絲綢）

■ Silk Organza 透明硬挺絲薄紗

■ Silk Satin 綢緞

■ Silk Taffeta 塔夫綢

■ Silk Tulle 絲絹網

■ Silk Velvet 絲絨

附錄

一、博物館與權威機構

＜Scent＞

國際香氛博物館（卡斯）
International Perfumery Museum in Grasse, France (Provencal)

佛羅倫斯香氛藝術學院
Accademia dell'Arte del Profumo ─ the Academy of Perfumery Arts

＜Chocolate＞

巧克力博物館
全球各國幾乎都設有Chocolate Museum！

Belgium
Museo du cocoa et du chocolate, Brussels
http://www.mucc.be/

England
Cadbury World
Bourneville, England
www.cadburyworld.co.uk

France
Le Musee du chocolat, Biarritz
http://www.lemuseeduchocolat.com/

Germany
Imhoff Stollwerk Chocolate Museum

Switzerland
Alprose Museum
www.alprose.ch
Cailler ─ Nestle Museum

Italy
Museo Storico della Perugina
Museo del Cioccolato Antica Norba

Canada
The Chocolate Museum
www.chocolatemuseum.ca

芒虹娜學院
Valrhona（芒虹娜）- Aux Sources du Grand Chocolat
www.Valrhona.com
ecole@Valrhona.fr

國際巧克力創作大賽
Grand Prix International de la Chocolaterie Competition

國際美食廚藝大賽
Concours International Gastronomique (International Culinary Competition) in Arpajon, France

法國廚藝達人大賽
Meilleur Ouvrier de France (Best Craftsman in France) the pastry/confectionery division

巧克力華會
Brussels Chocolate Fair（每年4月），Brussels
St. Stephen's Chocolate Festival, Canada

巧克力季社群
The Chocolate Society
www.chocolate.co.uk

Chocolate and Cocoa Association of Japan
The Peltier laboratory in Tokyo, Japan

The Club des Croqueurs de Chocolat

The Chocolate Society, Taipei
www.chocolatesociety.com.tw

＜Cashmere＞

Victoria and Albert Museum
http://www.vam.ac.uk

Gallery of Costume
www.manchestergalleries.org

Antique Textile & Costume Fair
www.annzieroldfairs.co.uk

China Cashmere
www.Chinacashmere.net

＜Silk＞

正倉院（日本奈良）

Victoria & Albert Museum

Stazione Bacoligica Sperimentale
世界上最古老的蠶絲研究中心，於一
八七一年由義大利所創立。

The Textile Museum, Washington, DC

Los Angeles County Museum of Art
Doris Stein Research Center for Costume
and Textiles
email: dsc@lacma.org

二、購物賞味區

＜Scent＞
保加利亞純玫瑰精油
Alteya
Tel：1-630-854-3392
www.alteya.com
www.BulgarianRoseOil.com
Bulgarian Research Institute for Roses.
Aromatic and Medicinal Plants

Sensory Essence, Inc.
OrganicBulgarianRose.com
Tel：1-847-526-3645
Fax：1-847-487-1971

網站訂製自己的香水
www.kickers.be
www.nike.com/freestyle
www.ipanga.com
www.byterry.com
www.shu-uemura.co.jp
www.reflect.com (de Procter & Gamble)
www.christian-breton.com
www.galimard.com
www.parfums-sur-mesure.com
www.odoroscope.com
www.lycos.fr

調香體驗課程（初學者）
L'Artisan Parfumeur
2, rue de l'Amiral de Coligny 75001
PARIS
Tel：33 (0) 1 44 88 27 50
Fax：33 (0) 1 44 88 27 54
boutique@laboutiquedelartisanpar-
fumeur.com
95 /一堂（約8-12名學生）La Grande
Boutique.

< Cashmere >

Black
www.black.co.uk
Spencer's Vogue Pashmina
www.spencerspashmina.com
Bora Cashmere
www.bora.co.uk
Aarnavcraft.com
www.aarnavcraft.com
Dawson International
www.dawson-international.co.uk
Ballantyne Cashmere
http://www.ballantyne.it/
www.ballantyne-cashmere.co.uk
Pringle of Scotland
www.pringle-of-scotland.com

< Silk >

Hyena Silks
http://www.hyenaproductions.com
Kumi Kookoon's
www.kumikookoon.com
Anjoorian Silks
www.anjooriansilks.com
大型新娘禮服用絲綢供應商，可能接
受顧客色彩訂製。目前尚存一批
1920、30年代Vintage純絲可售。

三、專用術語GLOSSARY

< Scent >

A
Aldehydes 乙醛
Amber 琥珀
法國國王亨利三世的最愛，他一向拿
琥珀香浸透全身上下。
Ambergris 龍涎香
龍涎香的來源，是抹香鯨腸胃內的油
脂狀分泌物。
Anise 茴香
B
Balsam 安息香
Bergamot 佛手柑
Black Gardenia 黑梔子
C
Camomile 洋甘菊
Carnation 康乃馨
Cardamom 小荳蔻
Cedar oil 杉木油
Coumarin 香豆素
Cinnamon 肉桂
Castoreum 海貍香
取自北極寒帶（阿拉斯加、西伯利
亞、加拿大）的海貍腺體中，海貍分
泌它來為牠的皮草防水，還將這氣味
用來界定自己的領土。
Cedar 西洋杉
最經典的暢銷品是產自黎巴嫩。
Clove 丁香
Cypress 絲柏木
F
Figs 無花果
Frankincense 乳香
G
Geranium 天竺葵
Ginger 薑
H
Heliotropine 天芥
I

Ionone　紫羅蘭酮

Iris　鳶尾花

係佛羅倫斯的市花，遍長在成邊的山坡上。

J

Japanese cypress　檜木

Jasmine　茉莉

Juniper　杜松

L

Lavender　薰衣草

Lemon　檸檬

Lime　萊姆

Lily of the Valley　歐鈴蘭

Lily　百合

M

Mandarin　桔

Marjoram　馬鬱蘭

Mint　薄荷

Muguet　鈴蘭

Musk　麝香

取自一種東亞麝香鹿（牠們只存在於喜馬拉雅山、西藏、北中國及西伯利亞地區），這是從麝香鹿直腸內的腺體中刮取出來的紅色、果凍狀分泌物。不過，來源可只限於野生雄鹿！有趣的是，一旦麝香鹿開始被養殖，體內的麝香便無法分泌；為了保護這些死於「莫名其妙」的野生動物之瀕臨滅絕，華盛頓公約的禁獵、禁售之保護傘已經張開。另外，它是製造香水的主要的溶散媒介。

Tonkin Musk

男性古龍水、香水，與腋下乾爽劑的香味成分裡，依舊少不了的，還是麝香，只不過化學合成技術，使含化學合成麝香的香水親近了大眾的胃口。

White Musk　白麝香

Myrrh　沒藥

N

Nile lotus　尼羅河蓮花

Nutmeg　肉荳蔻

Extract of Neroli　橙花萃取

O

Orange blossom　香橙花

P

Patchouli　廣藿香

pepper　胡椒

R

Resins　樹脂（琥珀、西杉木）香

Rose Otto　玫瑰精油

Rosemary　迷迭香

Rosewater　玫瑰露

S

Sage　鼠尾草

Sandalwood　檀香

Saffron　番紅花

T

Tagete　金盞草（萬壽菊）

Thyme　百里香

Treemoss　樹苔

Tuberose　夜來香

V

Vanilla　香草

Violet　紫羅蘭

Y

Ylang-ylang　依蘭

註解

卡玔米兒

註1. 《感官之旅：A Natural History of Senses》，p 79，Daine Ackerman，Random House New York，莊安祺譯，時報文化出版社

註2. Web Sites：www.victoriana.com

註3. Paisley Shawl變形蟲圖紋披巾

十九世紀，歐洲社會在一片變形蟲圖紋帕許米娜披巾熱浪的催生下，歐洲本土，法國，英國，蘇格蘭製作的仿製品盛行坊間，專門供應中產與勞工階級女性的巾場。以羊毛織出披巾聞名的蘇格蘭Paisley，就是在此背景下建立的。

註4. 當時真正上乘的帕許米娜披巾，最流行的尺寸是六英尺正方巾（180X180公分）以及 5×10.5 長方巾（150×315公分)。在花色上，還有六十四個色彩紗線可供配色運用。

註5. kani卡玔米兒披巾，如上述。

註6. 深入閱讀推薦：The Kashmir Shawl, John Irwin, Victoria & Albert Museum, London, 1973.

註7. 喀什米爾巧匠工坊手工紡製程序

http://www.sunrise-pashmina.com/aboutpash.html

註8. 工業紡織為了強化紗支而有上油程序，後來還必須再經過多次洗去，才能還原其柔軟度。

註9. Dawson International 是蘇格蘭卡玔米兒產業龍頭。

www.dawson-international.co.uk

香氛

註10. 「皇后香跡」純香精油Le Sillage de La Reine，運用皇后御用調香師花及雍設計的原來配方，以珍貴純香由再生調香達人Francis Kurkdjian依古法調製，為非化學分子合成之純香，與市面上的流行香水極不相同，因此的確索價超凡。不過，這香水售出的所得營利，將專款用於整治皇后的小提安儂宮。

8,000歐元（10,000美元）prestige version僅供應10瓶，另有每瓶1,500歐元普及版，限量1,000瓶。

註11. 2004年諾貝爾醫學獎，頒給了提出人類嗅聞器官具有1,000個基因的「接收」體一存在的理論家。

註12. 引自Essence and Alchemy, p. 237. Mandy Aftel, Gibbs Smith. 2004.

註13. 「Kyphi綺扉」，古埃及人最知名的香氛配方，其中含有玫瑰油、番紅花和紫羅蘭。

註14. 引自《感官之旅，A Natural History of Senses》，p. 62，Daine Ackerman，莊安祺譯，時報文化出版社

註15. 引自A Natural History of Love, p. 20，Daine Ackerman，Random House, New York.

註16. 深入閱讀推薦：《感官之旅》，Daine Ackerman，莊安祺譯，時報文化出版社

註17. 引自The Emperor of Scent, P.19, Chandler Burr, Random House與A Natural History of Senses, p. 21, Daine Ackerman

註18. 引自A Natural History of Senses, p. 132, Daine Ackerman

註19. 引自The Art and Science of Scent, p. 83, Cathy Newman. National Geographic Press. 1998

註20. 引自《感官之旅》, p. 13，莊安祺譯，時報文化出版社

註21. Grasse卡斯：舉世知名的法國古典香水的故鄉。十七世紀中葉以來，法國普羅旺斯地區的Grasse已經形成了世界香味精華的製造中心；培養上等茉莉花、玫瑰、康乃馨、紫羅蘭、夜來香、薰衣草及橙花的香草種植勝地。

二十世紀以來，香水可以在實驗室的儀器之間，純粹運用化學合成的方式製造，工業化大量生產香水的蓬勃發展，改寫了卡斯的歷史。

註22. 引自The Romantic Story of Scent, John Trueman, p. 44, Doubleday (1975)

註23. 引自The Emperor of Scent, p. 91, Chandler Burr, Random House

巧克力

註24. 見過可可豆與可可樹的廬山真面目嗎？

必然就因為對巧克力的迷戀，歐洲人學著要知道製出令人垂涎三尺的飲料的來源，不過，由於真正見過可可以植物的形式存在的人，少之又少，歐洲人多年來竟以不正確的資訊描繪它。

Theobroma Cacao是可可樹的學名，原生長在熱帶雨林中的可可樹，很不歡迎陽光，所以得要躲在大樹的蔭翼之下才能茁壯。可可樹很不尋常的是，在主枝幹上結出花朵，再帶來果實，其中夾在果肉內，僅含約莫20-40顆的可可豆，10顆可可果，才能產出400公克的乾燥可可豆，經過發酵研製加工，400顆可可豆才又能製成1磅可可粉，製成6片純度70%的巧克力塊。

註25. 圖說引自《The True History of Chocolate》Sophie D. Coe & Michael D. Coe，Thames & Hudson Ltd）

註26. 圖畫拓自陶器面紋，普林斯敦博物館藏。

註27. 《巧克力》蔡珮瑜譯，藍鯨出版社，p.193

註28. 引自《Chocolate： Food of the Gods.》P. 76，Chantal Coady,

註29. 引自《The True History of Chocolate》，P 243, Sophie D. Coe & Michael D. Coe

註30. 欲知精緻的配方如「神祕的雷迪茉莉香巧克力秘方」，請參閱《巧克力》，P.162（蔡珮瑜譯，藍鯨出版社）

註31. 引自《感官之旅》，p.148

註32. 一項十九世紀初的紀錄顯示，當時委內瑞拉已經成為可可豆的最大產地，獨自供應了全球二分之一的市場需求，而僅僅西班牙一個國家，便消費了全球三分之一的可可。

註33. 可可油具有很高的經濟價值，除了食用的營養與美味之外，它既可以做潤膚霜，還能治療各種潰瘍，也可以作為腐蝕性毒藥的解毒劑，還能防止武器生鏽……。這些，是從古代馬雅人開始一路來到歐洲的三千年之間，人們對可可所含有的有益成分，產生的共同口碑。

註34. 美國食物管理法其實明文規定了「巧克力糖」的成分規格標準，要求其中所含可可成分，不應低於35%，可可奶含量也不應低於18%，然而蔗糖價錢畢竟遠遠比可可便宜得多。

註35. 一項1977年的記錄顯示，美國消費了全球五分之一的可可（那年總計150萬平方公噸），不過，才等於是每人每年吃掉4.5公斤，排行第10名；比起以9.5公斤號稱消耗第二名的瑞士，少過一半！

註36. 引自《巧克力》，p. 234，蔡珮瑜譯，藍鯨出版社

註37. 引自《The True History of Chocolate》，P 143，Sophie D. Coe & Michael D. Coe

註38. 現代研究告訴我們，巧克力含有綠茶中也含有的兒茶酚素(catechin)與多酚類(polyphenolic) 等有效的強力抗氧化物，可以捕捉自由基， 因此有抗老防癌的效應。

農業殺蟲劑與人工肥料氾濫，我們當然要注意的，還包括種植可可豆過程中的農業污染。英國Green and Black＇s公司的理念，便是以較高價收購可可豆，鼓勵印地安人放棄農藥，供應「有機種植的」可可豆與巧克力製品。

註39. White Chocolate House 被喻為「教年輕人對國家忠誠，讓貴族更有智慧的聚會所」。英國其實有著許多最忠貞的巧克力迷，至今每年消費660,900公噸巧克力，平均每人分攤11公斤之多。

註40. 同是海外探險家的Francesco Carletti，技巧的繞過西班牙的壟斷，為義大利引進可可豆，讓文藝復興時期的義大利，在17世紀之初，發展出懂得享用巧克力美食的貴族社會，也培育了一派巧克力食藝傳統。

註41. 請參閱《巧克力》（蔡珮瑜譯，藍鯨出版社），P 255，P273圖說，巧克力研磨匠運作著大理石磨，趁著置於下端的烤爐釋出的溫度正酣，香噴噴的細細研磨著那可可豆。

註42. 引自《Chinese Embroidery_Traditional Techniques》，P. 47，Josiane Bertin Guest.. Royal Academy of Arts.

註43. 春秋戰國時期，紫色是大流行色，原因是齊桓公最好穿紫色，造成那個時候紫色絲綢奇貨可居，拿五匹素綢都換不來一匹紫色的絲綢。

註44. 東漢時期有了「人造鐵漿」，用來染出最烈的黑色，讓染出的絲布料，黑油油的，發出黑色光澤。

註45. 參考中國絲綢 p. 21，楊力編著，淑馨出版社。

註46. 引自《中國的絲綢》p. 87與《中國神話故事》p. 34，黃晨淳編著，好讀出版。

註47. 由於周朝帝王的偏好，在織好的絲綢上，用礦物性的染料作畫，這叫做「畫績〔繪〕」，這個色彩技巧，使絲綢展現出三個層次豐富的色彩表現，分別在染絲、繡花與繪畫等各個不同的程序之間呈現出來。推薦深入閱讀：《中國絲綢》，楊力編著，淑馨出版社。

註48. 引自中國絲綢，p. 118

註49. 絲的特優物性包括：透氣吸溼、彈性與懸垂性、對抗扯力〔強韌度高〕、抗過敏、抗塵 、有益於風濕或關節炎症患者。

註50. denier就可以承受2.6～4.8公克的重量。

註51. 「凍絲」：在一番水煮、搗凍脫膠與水洗的程序中，絲的光澤與柔軟被釋放出來，產生光澤炫亮，柔潤手感的質地。

註52. 中國「四大名繡」：產於湖南省的湘繡，四川省的蜀繡，廣東省的粵繡和江蘇省的蘇繡，合稱為中國的「四大名繡」。至今發現的最早湘繡製品，在長沙馬王堆一號漢王墓出土，這說明了早在漢代，湘繡工藝已經就位。

註53. 而它又從中國在九世紀左右，傳到崇拜絲絲織極品的日本。
在日本古都奈良的正倉院內，還保存著當時進口而沒用掉的波斯聯珠紋錦。

註54. 一四七九年，翡冷翠就有八十三個絲綢製坊，產製奢華絲綢並且為土耳其奧圖曼帝國蘇丹皇帝所鍾愛。

註55. 詳達人專區

註56. 從雙蠶繭中揀出之蠶絲、屬於較為粗紗之生蠶絲，印度是最主要產地，蠶種異於中國特有的品種，布料質地具有爽脆手感，不透明，絲紗隨處呈現不均勻線頭狀質地，富於自然野趣；目前廣泛被使正於婚紗禮服。

註57. 純蠶絲毛巾〔夾以純棉紗織成〕Kumi Kookoon 產品，價格205.00元（一組三件）。

註58. 只在二分之一的重量下，絲的保暖度與羽絨可以提供相同的效果；更佳的在於，因為它的透氣性，而不至於將體內濕氣鎖在纖維中貼著身體。

國家圖書館出版品預行編目資料

奢迷／石靈慧著－－初版.－－臺北市：茵山外
出版：大塊文化發行，2007【民96】
面； 公分.－－參考書目：面
ISBN 978-986-6916-04-5(平裝)
1.時尚

541.85　　　　　　95019647

$\mathcal{N}^3$

N^3

$\mathcal{N}^3$

$\mathcal{N}^3$